ADVOCACIA CONSCIENTE, SAÚDE MENTAL E BEM-ESTAR PARA ADVOGADOS

Aline Vidanes

ADVOCACIA CONSCIENTE, SAÚDE MENTAL E BEM-ESTAR PARA ADVOGADOS

Unindo Direito, Neurociência e *mindfulness* para uma prática jurídica transformadora

Colaboradora
Maria Arraes

Freitas Bastos Editora

Copyright © 2025 by Aline Vidanes e Maria Arraes

Todos os direitos reservados e protegidos pela Lei 9.610, de 19.2.1998. É proibida a reprodução total ou parcial, por quaisquer meios, bem como a produção de apostilas, sem autorização prévia, por escrito, da Editora.

Direitos exclusivos da edição e distribuição em língua portuguesa:

Maria Augusta Delgado Livraria, Distribuidora e Editora

Direção Editorial: *Isaac D. Abulafia*
Gerência Editorial: *Marisol Soto*
Assistente Editorial: *Larissa Guimarães*
Diagramação e Capa: *Deborah Célia Xavier*
Revisão: *Doralice Daiana da Silva*
Copidesque: *Lara Alves dos Santos Ferreira de Souza*

Dados Internacionais de Catalogação na Publicação (CIP) de acordo com ISBD

V649a	Vidanes, Aline
	Advocacia consciente, saúde mental e bem-estar para advogados / Aline Vidanes ; colaboração de Maria Arraes. - Rio de Janeiro, RJ : Freitas Bastos, 2025.
	176 p. ; 15,5cm x 23cm.
	Inclui bibliografia. ISBN: 978-65-5675-530-4
	1. Bem-estar. 2. Advogados. 3. Direito. I. Arraes, Maria. II. Título.
2025-1571	CDD 158.1 CDU 159.947

Elaborado por Odilio Hilario Moreira Junior - CRB-8/9949

Índice para catálogo sistemático:
1. Bem-estar 158.1
2. Bem-estar 159.947

Freitas Bastos Editora
atendimento@freitasbastos.com
www.freitasbastos.com

Aline Vidanes

Aline Vidanes é advogada atuante em Direito de Família Internacional, graduada em Direito e Ciências Biológicas, com especialização em Neuropsicanálise e Neurociência do Comportamento. Possui mestrado em *Mindfulness* e Compaixão pela Universidade de Zaragoza, na Espanha, e é instrutora certificada na área. Aline combina seu vasto conhecimento acadêmico com anos de experiência prática no campo jurídico.

Como advogada pela OAB São Paulo, é a idealizadora de um inovador Programa de Redução de Estresse para Advogados. Com o apoio e incentivo da OAB Taubaté, ela implementou esse programa que ajuda profissionais do direito a lidarem com a pressão e o estresse diários. Inúmeros advogados já participaram, encontrando mais equilíbrio e satisfação em suas carreiras.

Dedico este livro

Aos meus ancestrais, especialmente aos meus queridos e amados avós. Honro e agradeço profundamente tudo que fizeram para que eu chegasse até aqui, através de gerações e da vida transmitida pelos meus pais. Em especial, à minha avó Maria Rosa, sou imensamente grata. Pertencer a esse sistema me enche de orgulho e gratidão

Agradecimento

À minha família, que escolhi construir, amar, cuidar e nutrir.
David, meu companheiro de vida, e meus filhos, Pedro e Elena: amo sentir o amor de vocês e desfrutar os nossos momentos de alegria genuína.

Sumário

Capítulo 1:
ENFRENTANDO O LEVIATÃ: A VERDADE SOBRE O ESTRESSE NA ADVOCACIA **13**

1.1   A cultura de "trabalhar até o esgotamento" e do "workaholismo" 17

1.2   Como reconhecer e lidar com o estresse ocupacional 20

1.3   A importância de se permitir pausas e momentos de descanso 22

Capítulo 2:
DESACELERANDO PARA GANHAR: MINDFULNESS **25**

2.1   Como introduzir mindfulness na rotina jurídica 27

2.2   Exercícios de mindfulness para momentos de pressão e tomada de decisões no trabalho jurídico 30

      A.   Respiração consciente para momentos de alta pressão 33

      B.   Mindful walking 35

      C.   Meditação de curta duração para recarregar energias 37

Capítulo 3:
ADVOGADOS NÃO SÃO ROBÔS **41**

3.1   O papel da inteligência emocional na tomada de decisões e na liderança 45

3.2   Importância da inteligência emocional 47

Capítulo 4:
RECONCILIANDO TRABALHO E VIDA PESSOAL **49**

4.1   Estratégias para criar fronteiras saudáveis entre trabalho e vida pessoal 52

      A.   Defina horários de trabalho claros 52

	B. Crie um espaço de trabalho propício	53
	C. Técnicas de mindfulness durante o trabalho	53
	D. Uso consciente da tecnologia	53
	E. Práticas de compaixão e gratidão	54
	F. Desconexão pós-trabalho	54
4.2	A importância da desconexão e da recuperação	55
	4.2.1. Antifragilidade na advocacia	56
4.3	Como buscar apoio para ajudar a criar um equilíbrio mais saudável	59

Capítulo 5:
O PODER DO PENSAMENTO POSITIVO 63

5.1	Como o pensamento positivo pode transformar a advocacia	65
5.2	Estratégias para desenvolver uma mentalidade positiva	70
	A. Meditação	71
	B. Diário da gratidão	71
	C. Visualização positiva	72
5.3	Neurociência, mentalidade positiva e advocacia	73
5.4	A importância de comemorar vitórias, grandes e pequenas	75
	A. Reforço positivo	78
	B. Aumento da confiança	78
	C. Melhoria do bem-estar mental	79
	D. Motivação incrementada	79
5.5	Práticas de gratidão na vida profissional	81

Capítulo 6:
ADVOGADO INTERPESSOAL: MELHORANDO AS RELAÇÕES DE TRABALHO 85

6.1	A realidade dos conflitos no ambiente de trabalho jurídico	89
6.2	Como a comunicação assertiva e eficaz pode prevenir e resolver conflitos	91
6.3	Empatia na resolução de conflitos	96

Capítulo 7:
DIREITO À SAÚDE MENTAL: COMBATENDO O BURNOUT 99

7.1	Burnout na advocacia	101

7.2	Identificando os sintomas do burnout	103
7.3	Prevenção do burnout e a importância de buscar ajuda profissional	106

Capítulo 8:
PRÁTICA DA COMPAIXÃO NA ADVOCACIA 109

8.1	Como a compaixão pode transformar o ambiente de trabalho jurídico	111
8.2	Ferramentas para desenvolver a compaixão na liderança jurídica	113
	A. Treinamento em *mindfulness* e compaixão	114
	B. Mentoria ou terapias embasadas em compaixão	114
	C. Espaços de comunicação aberta	114
	D. Desenvolvimento de políticas organizacionais compassivas	115
	E. Promoção da humanidade compartilhada	115
	F. Práticas de autocompaixão	115
	G. *Feedback* contínuo e suporte	115
8.3	O papel da liderança na promoção da saúde mental	116

Capítulo 9:
DESPERTANDO PARA ADVOCACIA CONSCIENTE 119

9.1	Como a Advocacia Consciente pode transformar a prática jurídica	122
9.2	O papel do advogado consciente na construção de uma nova advocacia	124
9.3	Como cada advogado pode contribuir para essa transformação	125

Capítulo 10:
GOTA DE PRÁTICA 129

10.1	Primeiros passos para uma Advocacia Consciente	129
10.2	Práticas para começar a mudança na advocacia	132
	A. Pausas conscientes no escritório	132
	B. Respiração de 3 minutos para advogados	134
	C. *Mindful eating* no ambiente jurídico	136
	D. *Mindful walking* na advocacia	139
	E. Escutar somente escutando	141
	F. Prática dos 5 sentidos no escritório	143
	G. Autocompaixão na advocacia	145
	H. Prática da gratidão no ambiente jurídico	146

	I.	*Body scan* para advogados	148
	J.	Prática de observação de pensamentos e emoções	151
10.3		Convite à jornada da Advocacia Consciente	153

SAÚDE MENTAL É DIREITO DE TODA TRABALHADORA E DE TODO TRABALHADOR___157

Notas de fim___167

Capítulo 1

ENFRENTANDO O LEVIATÃ: A VERDADE SOBRE O ESTRESSE NA ADVOCACIA

Você provavelmente já está bastante familiarizado com essa sensação. No primeiro suspiro da manhã, enquanto a cidade ainda desperta, você já enfrenta um oceano turbulento de desafios. Antes mesmo do primeiro gole de café, as ondas do estresse começam a bater, impulsionadas por prazos intransigentes, pelas expectativas elevadas dos clientes e pelos boletos que não dão trégua. Esse é o leviatã da advocacia, uma criatura sorrateira, que habita os tribunais e os escritórios, alimentando-se da intensidade e da pressão inerentes à profissão.

A realidade do advogado brasileiro, imerso em um dos maiores contingentes jurídicos do mundo, é um bailado constante entre a paixão pela justiça e o peso do estresse. Vamos encarar isto: ser advogado no Brasil é uma tarefa árdua. Segundo a BBC News Brasil, em 2023, éramos a nação com maior densidade de advogados do mundo por habitantes, um advogado para 164 habitantes[1], lutando em um campo extremamente competitivo, em que a margem para erros é quase nula. A pressão para se destacar é enorme. E, quando adicionamos a esse caldo a nossa cultura de trabalhar até o esgotamento, a exigência de disponibilidade constante e o ritmo frenético das atualizações legais, temos a receita perfeita para o estresse crônico e o esgotamento profissional, ou *burnout*.

O relatório Global State of Emotions, da Gallup, de 2022[2], destaca um aumento global nas emoções negativas, incluindo o estresse. Esse fenômeno não é isolado a uma única profissão, mas observado globalmente em diversas áreas de trabalho, refletindo um aumento no estresse e outras emoções negativas que afetam a população mundial. Aqui, no coração vibrante do Direito, cada caso é uma batalha; cada vitória, uma conquista árdua. Mas, por trás da cortina de sucesso, esconde-se uma verdade menos glamorosa: o desgaste mental e emocional que acompanha a nobreza da profissão.

Relatos de advogados, como Ana, minha aluna, ecoam essa realidade. "As longas horas e a pressão constante para superar as expectativas, me levaram a um estado de exaustão quase que permanente", compartilhou durante uma aula. "Foi após buscar ferramentas focadas em *mindfulness* e participar de oficinas de saúde mental e bem-estar, promovidos pelo escritório, que comecei a sentir uma melhora significativa na carga mental e qualidade de vida".

"Existe uma solução para o problema do estresse dos advogados?"[3]. Esse foi o tema do artigo publicado em 1995 pela Revista Americana de Direito e Saúde (Journal of Law and Health). A questão do estresse dos advogados já era um tema de profundas discussões. Trinta anos após essa publicação, a relevância do tema persiste e é claramente o caso dos advogados brasileiros, frequentemente considerados como uma das populações mais ansiosas do mundo.

O artigo relata a história de Terry J. Coogan, ex-sócio de um renomado escritório de advocacia em Chicago, que ilustra essa problemática com clareza. Trabalhando oitenta horas por semana, Coogan se comparava a Sísifo, o personagem mítico eternamente fadado a repetir a mesma tarefa sem sucesso.

Outro estudo aborda problemas relacionados ao álcool entre os advogados americanos[4]. Uma quantidade significativa de advogados recém-formados relatou sintomas de distúrbios psicológicos graves, muito além do que seria esperado de uma população saudável, sinalizando um aumento nos casos de esgotamento relacionados ao excesso de estresse. Os resultados dos estudos revelam que quase 70% dos advogados são prováveis candidatos a problemas associados ao álcool em algum momento ao longo suas carreiras jurídicas. Embora os dados não sejam suficientes para sugerir que o estresse psicológico tenha afetado negativamente a competência dos advogados, os sinais de alerta estão presentes, e estudos empíricos podem revelar que o estresse está afetando adversamente a competência e a ética na prática.

Durante uma aula, uma das alunas compartilhou que, após um dia exaustivo no escritório, seu hábito é chegar em casa e abrir uma garrafa de vinho. Ela iniciou essa prática durante a pandemia, a princípio apenas com uma pequena taça para dormir mais relaxada. Contudo, confessou que agora, em alguns dias, chega a consumir uma garrafa inteira sozinha. Isso nos leva a refletir: quem está no controle nesse momento? A advogada está realmente ciente de suas ações ou, gradualmente, condicionou seu corpo a consumir tais substâncias, estando agora, talvez, à beira de um vício em álcool?

A realidade do estresse na prática jurídica é como um mar agitado – sempre em movimento, implacável e imprevisível. Com suas correntes fortes e ondas avassaladoras, esse mar tem o potencial de arrastar até mesmo o mais hábil dos nadadores para suas profundezas escuras e frias. E nós, advogados, somos esses nadadores, corajosos e destemidos, mas ainda vulneráveis à fúria desse mar turbulento.

A sobrecarga de trabalho, a cultura organizacional, os problemas de saúde, o impacto negativo nas relações pessoais e familiares são apenas os principais pontos que devem ser considerados.

Agora reflita: **como você tem gerenciado o estresse em sua prática jurídica? Reconhece algum desses sintomas em si mesmo ou em colegas?**

Não se trata apenas da carga horária extenuante ou do peso da responsabilidade. O estresse na advocacia brasileira é um monstro de muitas faces, infiltrando-se silenciosamente em todas as facetas da vida. Ele é o intruso nas horas de lazer, o fantasma nas horas de descanso, o sussurro constante de que nunca é suficiente. Esse estresse, muitas vezes aceito como um companheiro inevitável da carreira, rouba não apenas o sono, mas também a alegria e a satisfação que deveriam vir com o exercício da advocacia.

E o mais assustador é que nos acostumamos a isso. Aprendemos a aceitar esse estresse constante como parte do "ser advogado". Alimentamos a noção perigosa de que o estresse é o preço que pagamos pela glória e sucesso na nossa profissão. E isso, nobres colegas de profissão, é a mais traiçoeira das correntes desse mar tempestuoso.

Porque não deveríamos nos contentar com isso. Não deveríamos aceitar que o nosso bem-estar, a nossa saúde mental e a nossa felicidade sejam sacrificados no altar da prática jurídica. Nossa profissão é nobre, sim. É desafiadora, sim. Mas não deveria nos custar a nossa paz de espírito e a alegria de viver.

E é aí que nos encontramos: em uma encruzilhada. De um lado, a tradição e a expectativa de uma profissão; do outro, a crescente consciência da necessidade de mudança. Precisamos questionar, refletir e, acima de tudo, agir. Não é mais aceitável sacrificar nossa saúde mental e bem-estar no altar de uma carreira jurídica. É hora de redefinir o que significa ser um advogado no Brasil.

E é por isso que precisamos enfrentar essa realidade, desvendar as sombras do estresse na prática jurídica e trazer à luz as suas verdadeiras faces. Precisamos entender seus riscos, suas consequências e acima de tudo, precisamos aprender a navegar neste mar turbulento, para que possamos, finalmente, encontrar a calma, a clareza e a satisfação que tanto buscamos em nossa prática jurídica.

Este livro não é apenas uma provocação, mas também um chamado à ação! **Quem cuida de quem cuida do processo?** Este é um convite para que você, nobre colega, embarque em uma jornada transformadora, em que aprenderemos a navegar pelas águas agitadas do estresse com habilidade e consciência. Vamos juntos desbravar este mar, armados com ferramentas de neurociência, *mindfulness*, autocompaixão e equilíbrio entre vida pessoal e profissional. Meu objetivo? Ajudar você a alcançar uma prática jurídica que seja bem-sucedida, sustentável e gratificante.

É uma viagem para a qual precisamos de coragem, determinação e, acima de tudo, a crença de que um futuro diferente é possível. Um futuro no qual ser advogado é sinônimo de plenitude, e não de esgotamento.

E lembre-se: a única maneira de domar o mar é aprender a navegar, não importa quão agitadas sejam as ondas.

1.1 A cultura de "trabalhar até o esgotamento" e do "workaholismo"

Você já se pegou dizendo "Eu só durmo 5 horas por noite" ou "Eu trabalho 12 horas por dia, todos os dias" com um sorriso de orgulho no rosto? Pois bem, acredito que você não está sozinho nessa.

Adentrando mais em nosso mundo jurídico, você já ouviu falar do "culto ao excesso de trabalho"? Talvez você tenha até sido um fiel devoto desse culto, mesmo sem perceber. Esse é um fenômeno que permeia a indústria jurídica, em que a capacidade de trabalhar até a exaustão é muitas vezes vista como um distintivo de honra e um sinal de dedicação. É uma cultura que glorifica longas horas de trabalho, esforço contínuo e a negação do próprio esgotamento.

A conexão entre trabalhar até o esgotamento e o possível vício em trabalho é profundamente enraizada e complexa, representando uma dinâmica que vai além de simplesmente passar muitas horas no escritório. O vício em trabalho, ou workaholismo, não é apenas sobre trabalhar arduamente; trata-se de um envolvimento compulsivo com o trabalho que persiste independentemente das necessidades objetivas ou exigências do cargo.

Uma revisão bibliográfica sobre o workaholismo[5] realizada na Universidade do Sul da Califórnia, analisa amplamente o conceito, as causas, a medição, a prevenção e o tratamento. Workaholismo é definido como um vício negativo que inclui gastar tempo excessivo no trabalho, dificuldade em se desligar, emoções negativas durante e após o expediente, e estilo de trabalho inflexível ou compulsivo que pode levar a relacionamentos pobres tanto no ambiente profissional quanto em casa.

Dentro de ambientes profissionais altamente competitivos, como o setor jurídico, a cultura de glorificar longas horas de trabalho como um distintivo de honra incentiva o vício em trabalho. Advogados, muitas vezes impulsionados pela pressão para superar expectativas e pelo medo do fracasso, podem desenvolver uma relação não saudável com o trabalho, em que a incapacidade de desligar-se torna-se norma. Esse comportamento é reforçado por uma cultura que valoriza a exaustão como um sinal de dedicação e compromisso.

Mas pergunto: quando foi que nos convencemos de que a exaustão nos conecta ao sucesso? Quando foi que nos tornamos tão obcecados com o trabalho que começamos a sacrificar nosso bem-estar físico e mental, nossos relacionamentos e até mesmo nosso sentido de propósito e realização?

A verdade é que essa cultura de "trabalhar até o esgotamento" e workaholismo não é apenas insustentável, mas também é prejudicial. Estudos mostram que a exaustão crônica e o estresse prolongado podem levar a uma série de problemas de saúde, incluindo doenças cardíacas, problemas de sono, depressão e ansiedade. Além disso, a exaustão também pode prejudicar nosso desempenho no trabalho, levando a erros, diminuição da produtividade e deterioração da qualidade do nosso trabalho.

Então, por que continuamos nesse caminho autodestrutivo? E o mais importante, como podemos mudar essa cultura que glorifica a exaustão e começar a valorizar a saúde mental e física?

As consequências de ignorar o equilíbrio entre trabalho e descanso podem ser significativas para a saúde pessoal do advogado e para a qualidade do seu trabalho. O esgotamento contínuo pode afetar negativamente a concentração, o julgamento e a eficácia na resolução de problemas, impactando assim a qualidade do serviço prestado aos clientes.

Os advogados da nova advocacia devem adotar uma abordagem mais consciente e equilibrada em relação ao trabalho. Isso inclui estabelecer limites saudáveis, garantir períodos adequados de descanso e recuperação, e buscar atividades que promovam o bem-estar, como *hobbies*, exercícios físicos e práticas de *mindfulness*.

Ao adotarmos essas estratégias, não só melhoramos nossa saúde mental e física, mas também elevamos nossa capacidade profissional. Um advogado que reconhece a importância do autocuidado e do equilíbrio é capaz de manter uma perspectiva clara e uma abordagem mais eficaz em sua prática jurídica.

Vamos começar desconstruindo essa ideia de que o valor de um advogado é determinado pelas horas que ele trabalha, e começar a promover uma cultura que valoriza a eficácia, a eficiência e o equilíbrio.

O primeiro passo? Reconhecer que há um problema. E isso, meu colega, é o que estamos fazendo agora. Juntos.

Essa transformação no mundo jurídico começa com a conscientização individual e a disposição para repensar e redefinir o que significa para **você** ser um advogado de sucesso. Com coragem e determinação, você poderá criar uma cultura jurídica adequada aos seus valores e necessidades que priorize tanto o bem-estar profissional quanto a excelência na prática da advocacia.

1.2 Como reconhecer e lidar com o estresse ocupacional

Adentrando mais no labirinto do leviatã, você já se deparou com essa fera invisível, porém impiedosa, chamada estresse no ambiente de trabalho? Bem, infelizmente, é uma experiência compartilhada por muitos em nossa profissão. Falar de estresse no ambiente de trabalho não é algo novo, mas a maneira como lidamos com ele tem mudado consideravelmente ao longo dos anos.

O estresse, essa força invisível e avassaladora, vem sendo, ao longo dos anos, uma constante presença indesejada no nosso dia a dia. Como advogados, nos vemos confrontados com ele quase diariamente. Se não for adequadamente gerenciado, o estresse no trabalho pode se tornar um grande obstáculo para o nosso bem-estar e desempenho profissional.

Você já se pegou irritado com pequenas coisas, com dificuldades para se concentrar, ou com uma sensação constante de tensão e preocupação? Esses são sinais de que o estresse pode estar, regularmente, fazendo uma visita indesejada. O reconhecimento desses sinais é o primeiro passo na direção de um gerenciamento eficaz do estresse. Mas como?

É fundamental que nós, como advogados, possamos reconhecer os sinais de estresse ocupacional, além de aprender a lidar com ele de maneira eficaz. Como destacado em um artigo publicado na Harvard Business Review – "Não seja pego de surpresa pelo *Burnout*"[6] –, o estresse crônico no ambiente laboral pode desencadear a síndrome de *burnout*, que se manifesta na forma de exaustão emocional e sentimentos de ineficácia. Essa condição, como descreve o autor do artigo, em seu relato pessoal, muitas vezes é precedida por sinais claros, como dificuldade para iniciar novos projetos e um gradual desligamento do ambiente.

Ignorar esses sinais pode levar a um estado de *burnout* completo, em que as capacidades profissionais são severamente comprometidas. Nem preciso dizer que isso não é bom para nós, não é?

Primeiro, devemos ser capazes de identificar os sinais de estresse. Pode ser uma sensação de exaustão contínua, dores de cabeça frequentes, irritabilidade, dificuldade em concentrar-se ou até mesmo problemas de sono. Esses são sinais de que o seu corpo e a sua mente estão tentando dizer-lhe algo. Estão implorando por um respiro.

A segunda parte é aceitar que o estresse é uma parte inevitável de nossa profissão. Sim, o Direito é uma profissão exigente, com prazos apertados e altas expectativas. Isso é um fato, mas não significa que devemos aceitar o estresse como uma constante. Temos o direito de estabelecer limites, de cuidar de nós mesmos e de procurar ajuda quando necessário.

A terceira parte é buscar estratégias eficazes para lidar com o estresse. É aqui que alinho minha missão, trazendo práticas de atenção plena ao ambiente jurídico. Pesquisas têm mostrado que técnicas de relaxamento – como a meditação e a respiração profunda – podem ter um impacto significativo na redução do estresse. Exercícios físicos regulares, uma dieta equilibrada e um sono adequado também são componentes fundamentais de um estilo de vida saudável que pode ajudar a gerenciar o estresse.

Por fim, precisamos falar sobre isso. O estigma em torno do estresse e da saúde mental em nossa profissão precisa ser quebrado. Devemos ter a coragem de compartilhar nossas experiências e de apoiar uns aos outros. Porque a verdade é que todos nós enfrentamos estresse. E está tudo bem. O que não está bem é sofrer em silêncio.

Essa transformação não é fácil. É um processo que requer tempo, paciência e perseverança. Mas posso lhe assegurar: a recompensa vale o esforço. Uma carreira jurídica sem o peso do estresse excessivo é não apenas possível, mas também mais gratificante e sustentável. É uma carreira que nos permite fazer o trabalho que amamos sem sacrificar nossa saúde e bem-estar.

Lembre-se: o caminho para uma Advocacia Consciente começa com um passo. E esse passo é o reconhecimento e o gerenciamento do estresse.

1.3 A importância de se permitir pausas e momentos de descanso

Há algo cativante no fervor de um advogado totalmente dedicado à sua profissão. O zumbido de uma mente totalmente engajada, a adrenalina de uma argumentação bem construída, a satisfação de vencer um caso difícil. No entanto, o zelo profissional, quando desprovido de pausas regulares e de momentos de descanso adequados, pode ser uma receita para o desastre.

Na verdade, segundo Taleb, autor do livro "Antifrágil"[7], intervalos regulares e o tempo de recuperação adequado são componentes essenciais para a sustentabilidade na vida e no ambiente de trabalho. Eles previnem o esgotamento bem como melhoram a produtividade e a criatividade. Infelizmente, na cultura jurídica moderna, muitas vezes esquecemos essa verdade simples.

Nos escritórios de advocacia, há uma tendência para glorificar a abnegação e a exaustão, como se trabalhar até a exaustão fosse uma medalha de honra. Horas de trabalho exorbitantes, noites sem dormir, finais de semana dedicados exclusivamente ao trabalho... Essas práticas estão tão arraigadas que se tornaram a norma, em vez da exceção.

Mas a que custo? Estudos mostram que a falta de descanso adequado pode levar a uma série de problemas de saúde física e mental, incluindo doenças cardíacas, diabetes, depressão e ansiedade. Além disso, a sobrecarga de trabalho pode prejudicar nosso desempenho, levando a erros, falta de criatividade e redução da capacidade de resolução de problemas.

Aqui, eu convido você a reconsiderar esse hábito de viver no piloto automático. Permita-se pausas, cultive momentos de descanso, reconheça que seu valor como advogado não está vinculado ao número de horas trabalhadas. A eficácia não é uma questão de quanto tempo é investido, mas de como ele é utilizado.

É preciso redefinir o que significa ser um advogado bem-sucedido, colocando o bem-estar no topo de nossas prioridades, criando uma cultura jurídica que valorize a sustentabilidade, a saúde mental e a satisfação pessoal tanto quanto o sucesso profissional.

Por mais contraintuitivo que possa parecer, permitir-se intervalos regulares e tempo de recuperação adequado pode ser uma das melhores decisões para se tomar em sua carreira. Como digo aos meus alunos, "às vezes, você precisa desacelerar para chegar mais longe". A Advocacia Consciente não se trata apenas de trabalhar menos, mas de atuar de forma mais inteligente e mais saudável.

No contexto da advocacia, em que os desafios diários vão além das complicações legais, a capacidade de recuperar e se desconectar é vital. Estudos mostram que técnicas de *mindfulness*, como pausas conscientes e práticas de respiração, ajudam a diminuir o estresse e aumentam a clareza mental e a eficiência. Isso é especialmente benéfico em um campo no qual a pressão é constante e as demandas são elevadas.

Integrar momentos de pausa e atenção plena pode transformar a rotina exaustiva em um ritmo de trabalho mais saudável e produtivo. Ao adotarem essas práticas, os advogados podem redirecionar o estresse para uma forma de energia que reforça o foco e a concentração, melhorando não só a qualidade do trabalho entregue, mas também a satisfação pessoal e profissional. Por isso, aproveito para te animar e te convidar a realizar práticas de *mindfulness* no local de trabalho.

Capítulo 2

DESACELERANDO PARA GANHAR: MINDFULNESS

Minha jornada rumo à atenção plena e ao equilíbrio começou de forma modesta, por volta de 2009 e 2010. No ano seguinte, me mudei para São Paulo; sofria com crises de ansiedade, enxaqueca crônica e frequentemente me dirigia ao hospital porque os medicamentos usados em casa não eram suficientes para conter os sintomas e as dores. Sem ter conhecimento dos benefícios, intuitivamente, comecei a explorar a meditação, atraída pela serenidade que ela prometia.

Sentia-me bem naquele silêncio e, apesar de a minha mente inquieta conversar o tempo todo enquanto eu me sentava com os olhos fechados, permanecia naquele momento, mesmo sem saber se estava fazendo certo. Por um tempo, frequentei um templo hinduísta próximo ao meu bairro. Era uma experiência enriquecedora, mas eu buscava algo que transcendesse as fronteiras religiosas, algo que pudesse ser integrado à minha rotina agitada sem as amarras de uma prática específica.

Foi então que descobri a prática de *mindfulness*. *Mindfulness*[8] ou atenção plena (tradução ao português), definido por Jon Kabat-Zinn, é a prática de prestar atenção de maneira intencional ao momento presente, sem julgamento. Esse conceito, originário de práticas milenares e validado por pesquisas científicas contemporâneas, oferece ferramentas valiosas para o manejo do estresse e da ansiedade.

A revelação de que essa prática não pertencia a nenhuma entidade religiosa e tinha um sólido embasamento científico foi um ponto de virada. A ideia de que poderia praticar *mindfulness* em qualquer lugar, inclusive no trabalho, e que não precisava de um ambiente silencioso para meditar, abriu um novo mundo de possibilidades. Iniciei minha prática com entusiasmo e, gradualmente, comecei a perceber sutis, mas significativas, mudanças em minha vida.

Com o passar dos anos e práticas, o impacto foi tão profundo que decidi aprofundar meus estudos sobre *mindfulness*. Tornei-me instrutora e, posteriormente, mergulhei em um mestrado sobre o tema. Anos de dedicação e estudo me trouxeram até aqui, e agora me concentro em levar *mindfulness* para o universo jurídico.

O *feedback* dos colegas e amigos próximos foi um indicativo do impacto positivo que *mindfulness* estava tendo em minha vida. Inicialmente, eu não dava muita importância aos comentários sobre como eu lidava bem com a pressão ou como conseguia manter a calma em situações estressantes. Com o tempo, comecei a observar com mais consciência essas mudanças e decidi que poderia compartilhar esse conhecimento e, principalmente, a prática com outros profissionais da advocacia.

Integrar a prática de *mindfulness* na rotina de um escritório de advocacia pode transformar a maneira como os advogados lidam com os desafios diários. Permite um foco aprimorado, uma gestão mais eficaz do estresse e uma maior capacidade de resposta empática tanto a clientes quanto a colegas. A atenção plena não é apenas um intervalo na correria do dia, é uma mudança fundamental na abordagem das responsabilidades e interações diárias.

Segundo Campayo e Demarzo[9], seus benefícios incluem a redução do estresse, aumento da empatia, melhoria na capacidade de tomar decisões e fortalecimento da resiliência emocional. No contexto da advocacia, em que o estresse e a pressão são constantes, o *mindfulness* oferece uma ferramenta valiosa para gerenciar essas demandas. Advogados que incorporam *mindfulness* em suas rotinas diárias podem experienciar maior clareza mental e melhor gestão emocional, contribuindo para um desempenho mais eficaz e equilibrado.

A Advocacia Consciente, que combina neurociência e *mindfulness* com a prática jurídica tradicional, pode resultar em uma prática mais ética e eficaz. Advogados mais conscientes tendem a ter maior discernimento das questões éticas e são mais capazes de equilibrar suas vidas profissionais e pessoais. Ao adotarem o hábito da presença com consciência, os advogados melhoram não só seu bem-estar, como também a qualidade dos serviços jurídicos que prestam, promovendo uma justiça mais equilibrada e humana.

Convido você, colega advogado, a explorar essa ferramenta da atenção ao momento presente. Permita-se descobrir como essa prática pode enriquecer sua vida pessoal e expandir sua compreensão e habilidades na advocacia. *Mindfulness* é uma ponte para uma prática jurídica mais consciente e equilibrada, em que a clareza mental e o bem-estar emocional são tão valorizados quanto a competência técnica.

2.1 Como introduzir mindfulness na rotina jurídica

Ao me aventurar na interseção entre a advocacia e a prática de *mindfulness*, percebi um universo de possibilidades se abrindo diante de mim. Hoje, não apenas continuo minha jornada como advogada, mas também me dedico à educação, liderando um programa de redução de estresse específico para advogados. Cada nova turma que inicio é um convite à transformação, uma oportunidade de levar a meus colegas advogados a chave para uma prática jurídica mais consciente e equilibrada.

O programa, de 6 semanas, baseia-se na ideia de que pequenas ações diárias de *mindfulness* podem ter um impacto significativo na rotina jurídica. Por meio da observação atenta dos meus alunos, criei exercícios personalizados que respeitam e complementam os diferentes perfis comportamentais, além de integrar outras disciplinas, entre elas, a neurociência. Por exemplo, para um advogado com perfil influente, a prática da pausa consciente é integrada de forma a enfatizar a interação social, enquanto, para o perfil analítico, as atividades são mais introspectivas e individuais.

Estou convencida de que a preparação cuidadosa de atividades práticas, ajustadas às especificidades de cada perfil de leitor, é fundamental para uma experiência de aprendizado eficaz e enriquecedora.

Ao integrar uma diversidade de métodos de ensino, incluindo conteúdos teóricos detalhados, videoaulas dinâmicas, materiais de leitura selecionados e exercícios reflexivos, facilito a absorção e a internalização do conhecimento. Essa abordagem multidimensional engaja diferentes estilos de aprendizagem, promove uma compreensão mais profunda e uma aplicação prática mais efetiva dos conceitos de *mindfulness* na prática jurídica.

Cada elemento é projetado para construir sobre o outro, garantindo que o aprendizado seja uma jornada contínua e integrada, equipando os advogados com ferramentas necessárias para enfrentarem os desafios da profissão com resiliência e sabedoria. Inserir *mindfulness* no dia a dia jurídico vai além de meditar por alguns minutos. Trata-se de transformar a maneira como interagimos com nosso trabalho e com os outros.

O *mindfulness* nos ensina a abordar cada tarefa – seja uma leitura detalhada de um documento, seja uma negociação complexa – com total presença e atenção. Esse estado de atenção ao momento presente não só reduz o estresse, como também melhora nosso desempenho profissional.

Grandes autores – como Daniel Goleman, em seu trabalho sobre inteligência emocional[10], e Jon Kabat-Zinn, com suas pesquisas sobre a prática de *mindfulness*[11] – destacam a importância da atenção plena para o desenvolvimento pessoal e profissional. Estudos mostram que a prática regular de *mindfulness* pode melhorar a concentração, a capacidade de tomar decisões e a resiliência emocional[12].

Em minha experiência, tanto pessoal quanto como educadora, vi advogados transformarem sua maneira de trabalhar e viver. Antes de eu me dedicar a ministrar cursos sobre redução de estresse para advogados, uma colega advogada compartilhou comigo suas lutas contra intensas crises de ansiedade antes das audiências. Ela descreveu sintomas físicos como mãos suadas e palpitações, que frequentemente culminavam em lapsos de memória durante as sessões, intensificando seus sentimentos de culpa e frustração. Na tentativa de ajudá-la, sugeri algumas técnicas para gerenciar a ansiedade. Ela adotou a prática de realizar exercícios de respiração, às vezes se refugiando no banheiro do fórum para encontrar um momento de calma. Com o tempo, ela me relatou que a integração de sessões breves de *mindfulness* à sua preparação pré-audiência trouxe alívio significativo, aumentando sua confiança e diminuindo sua frustração.

Mindfulness na advocacia não é apenas uma ferramenta para lidar com o estresse; é um caminho para uma prática jurídica mais profunda e conectada. Ao abraçarmos a atenção plena, abrimos as portas para uma carreira jurídica mais bem-sucedida, gratificante e sustentável.

2.2 Exercícios de mindfulness para momentos de pressão e tomada de decisões no trabalho jurídico

Na minha jornada e experiência como instrutora e praticante de *mindfulness*, tenho observado e testemunhado consistentemente a transformação que a atenção do momento presente pode provocar na rotina intensa e desafiadora dos profissionais da advocacia. Compreender que cada advogado apresenta um conjunto único de características e desafios pessoais é fundamental. Inspirada nos perfis comportamentais do modelo DISC[13], desenvolvido pelo psicólogo Willian Moulton Marston na década de 1920, apliquei esses conhecimentos para adaptar as práticas de *mindfulness* de forma mais personalizada.

O modelo DISC categoriza comportamentos em quatro tipos principais – **Dominância, Influência, Estabilidade e Cautela** –, cada um com seus pontos fortes e áreas de melhoria. Ao alinhar as técnicas de *mindfulness* a esses perfis, posso oferecer estratégias que ressoam diretamente com as necessidades individuais de cada advogado.

Essas práticas são especialmente valiosas para enfrentar o estresse elevado e aprimorar a tomada de decisões, dois aspectos cruciais na vida de qualquer profissional do Direito. Assim, o *mindfulness* não se apresenta apenas como um método de relaxamento, mas como uma ferramenta estratégica para a gestão comportamental e emocional, capacitando advogados a navegarem com mais eficácia em suas carreiras.

Vamos explorar como o *mindfulness* pode ser adaptado a diferentes perfis comportamentais de advogados, cada um com suas particularidades no exercício da profissão:

Perfil decisivo: advogados com esse perfil são conhecidos por sua assertividade e capacidade de tomar decisões rápidas. Eles costumam liderar com confiança e são excelentes em situações que exigem ação imediata. No entanto, podem se beneficiar do *mindfulness* para equilibrar sua impulsividade e garantir que suas decisões sejam bem fundamentadas e assertivas.

Antes de uma audiência importante, um advogado decisivo pode praticar alguns minutos de respiração consciente para centrar-se e garantir que sua assertividade seja acompanhada de clareza e foco.

Perfil analítico: esse tipo de advogado é meticuloso, detalhista e ótimo em análises profundas. Eles tendem a ser excelentes pesquisadores e pensadores críticos, mas podem se sentir sobrecarregados pela quantidade de detalhes e pela necessidade de perfeição.

Um advogado analítico pode se beneficiar de uma prática de *mindfulness* focada na observação não julgadora de seus pensamentos, ajudando a aliviar a pressão de ter que ser sempre perfeito e permitindo um espaço para uma visão mais ampla e criativa.

Perfil expressivo: advogados com esse perfil são comunicativos, sociáveis e excelentes na construção de relacionamentos. Eles são ótimos em persuadir e motivar os outros, mas podem achar desafiador manter o foco e a organização.

Um advogado expressivo pode utilizar o *mindful walking* (caminhada consciente) como uma forma de canalizar sua energia social de maneira produtiva, mantendo o foco e a serenidade durante as negociações ou interações com clientes.

Perfil paciente: raros nessa carreira. São advogados tranquilos, consistentes e confiáveis. Eles trabalham bem em ambientes estáveis e são ótimos ouvintes, mas podem ter dificuldade em situações de alta pressão ou mudanças rápidas.

Para um advogado paciente, uma prática de *mindfulness* voltada para o fortalecimento da autoconfiança, como a meditação focada em visualizações positivas, pode ser extremamente benéfica, especialmente em situações que exigem assertividade e adaptação rápida.

Em uma revisão sistemática sobre as intervenções baseadas em *mindfulness* publicada na BMC Psychology[14], revelou que a prática regular de *mindfulness* está associada não só a uma maior capacidade de lidar com o estresse, mas também melhorias significativas na tomada de decisões. Pesquisas adicionais, como o estudo de Seear e Vella-Brodrick, publicado no Social Indicators Research[15], destacam que a eficácia de intervenções positivas para aumentar o bem-estar pode variar entre as características pessoais do indivíduo e os requisitos da intervenção. Nesse estudo, descobriu-se que *mindfulness* pode moderar os efeitos de intervenções, que visam aumentar o afeto positivo e o bem-estar mental, enquanto diminuem o afeto negativo.

Essas intervenções mostraram-se particularmente benéficas para indivíduos com níveis iniciais em *mindfulness*, reforçando a importância de personalizar essas práticas de acordo com as disposições individuais. Outras pesquisas[16] revelam que intervenções *online* de *mindfulness* combinadas com elementos de Psicologia Positiva podem ser particularmente eficazes, mesmo a distância.

Para o advogado, independentemente do seu perfil comportamental, *mindfulness* é uma ferramenta valiosa que pode trazer uma maior clareza mental, equilíbrio emocional e, consequentemente, maior eficácia na prática jurídica.

Na prática jurídica, em que momentos de alta pressão e tomadas de decisão críticas são comuns, os exercícios práticos de *mindfulness* provam seu valor inestimável. Por meio de técnicas simples, mas poderosas, os advogados podem aprender a gerenciar o estresse de forma eficaz e aprimorar a clareza mental, essencial para decisões judiciosas e bem fundamentadas. Além disso, o fortalecimento de habilidades como a compaixão por si mesmo e pelos outros, revelados pelos estudos, pode facilitar um ambiente de trabalho mais cooperativo e menos combativo, reforçando a importância do *mindfulness* no contexto legal.

Vamos explorar três exercícios de *mindfulness* (Atenção Plena), cada um adaptado para se alinhar sutilmente com diferentes abordagens e necessidades individuais:

A. Respiração consciente para momentos de alta pressão

Este exercício envolve focar-se na respiração, prestando atenção em cada inspiração e expiração. O objetivo é centrar-se no momento presente, reduzindo a ansiedade e aumentando a clareza mental.

A respiração consciente é uma técnica versátil de *mindfulness* que pode ser adaptada para atender às necessidades de diferentes perfis comportamentais de advogados. Vamos explorar como cada perfil pode praticar essa técnica, destacando situações específicas do cotidiano jurídico nas quais ela pode ser especialmente útil.

Perfil decisivo

- *Como praticar*: advogados decisivos devem focar respirações profundas e controladas, contando lentamente enquanto inspiram e expiram. O objetivo é desacelerar o ritmo acelerado de pensamento, característico desse perfil.
- *Quando praticar*: antes de entrar em uma sala de audiências ou em uma reunião em que decisões importantes precisam ser tomadas. A respiração consciente pode ajudar a equilibrar a assertividade natural com a ponderação necessária para decisões judiciosas.

Perfil analítico

- *Como praticar*: esse perfil se beneficia de focar a respiração enquanto visualiza afastar-se dos detalhes minuciosos, criando um espaço mental para o quadro geral. A prática pode incluir imaginar

cada respiração como uma onda que limpa a mente, levando embora os detalhes excessivos.
- *Quando praticar*: durante a revisão de documentos complexos ou na preparação de argumentos legais. A respiração consciente aqui ajuda a evitar o esgotamento mental e manter uma perspectiva equilibrada.

Perfil expressivo

- *Como praticar*: advogados expressivos podem se concentrar em respirações que promovem a calma e a coleta de pensamentos. Eles podem se beneficiar da visualização de suas ideias se alinhando de forma clara e objetiva com cada respiração.
- *Quando praticar*: antes de apresentações em tribunal ou ao se preparar para negociações. Essa prática ajuda a canalizar a energia e o entusiasmo natural de forma produtiva, mantendo a clareza e a eficácia na comunicação.

Perfil paciente

- *Como praticar*: a respiração consciente para o perfil paciente envolve focar a sensação de fortalecimento e confiança que cada respiração traz. Eles podem se imaginar ganhando força e assertividade com cada inspiração.
- *Quando praticar*: em preparação para interações que exijam mais iniciativa, como liderar uma reunião ou argumentar um ponto de vista. Essa técnica pode ajudar a aumentar a autoconfiança e a presença no ambiente profissional.

Em cada caso, a respiração consciente serve como uma ferramenta para centrar o advogado no momento presente, permitindo-lhe abordar suas tarefas e desafios com uma mente mais clara e um coração mais tranquilo. A prática regular dessa técnica pode levar a uma melhoria significativa na gestão do estresse e na qualidade da tomada de decisões.

B. Mindful walking

A prática do *mindful walking*, ou caminhada consciente, é uma adaptação particularmente interessante de *mindfulness* que pode ser útil para profissionais no campo jurídico, como os advogados, que enfrentam altos níveis de estresse e exigências constantes. De acordo com a intervenção entre *mindfulness* e caminhada consciente, publicada na Associação Americana de Psicologia[17], a caminhada consciente se mostrou capaz de melhorar a atenção plena e o afeto positivo, criando um ciclo ascendente entre ambos. Esse afeto é valioso para advogados que necessitam de clareza mental e emocional no seu dia a dia.

Vamos detalhar como cada perfil pode se engajar nessa prática, utilizando exemplos práticos de situações em que ela pode ser particularmente benéfica.

Perfil decisivo

- *Como praticar*: advogados decisivos devem se concentrar em desacelerar o passo, usando a caminhada como uma oportunidade para respirar e refletir. Concentrar-se conscientemente na sensação de cada passo e na respiração pode ajudar a reduzir a pressa habitual, permitindo que o advogado se centre e reflita antes de tomar decisões importantes.
- *Quando praticar*: idealmente, essa prática deve ser realizada durante intervalos no trabalho ou antes de reuniões importantes,

proporcionando um momento para equilibrar a energia e clarear a mente.

Perfil analítico

– *Como praticar*: advogados analíticos podem usar a caminhada consciente para se afastar mentalmente dos detalhes que normalmente focam. Ao direcionarem a atenção para o ambiente ao redor, como sons, cheiros e a sensação do ar, eles podem ganhar novas perspectivas e ideias criativas.
– *Onde/quando praticar*: uma prática eficaz pode ser realizada em um parque ou simplesmente ao redor do escritório, em especial quando se sentem presos em um problema complicado ou quando precisam de uma pausa mental.

Perfil expressivo

– *Como praticar*: para os advogados expressivos, é benéfico usar o *mindful walking* para reduzir o ritmo e organizar os pensamentos. Concentrar-se na respiração e na sensação dos movimentos do corpo durante a caminhada ajuda a consolidar ideias e restaurar a clareza mental.
– *Quando praticar*: a prática pode ser de grande valor em ambientes sociais, como parques ou ruas movimentadas, onde podem manter sua energia social enquanto ganham foco e clareza por meio da caminhada consciente.

Perfil paciente

– *Como praticar*: advogados pacientes podem se beneficiar ao usar o *mindful walking* para afirmar sua presença e reforçar a autoconfiança. Focar-se em sentir cada passo como uma expressão de sua capacidade e assertividade pode ser muito fortalecedor.

– *Quando praticar*: em um ambiente tranquilo, como um jardim ou uma trilha em meio à natureza, é ideal para essa prática. A calma e a beleza natural podem ajudar a fortalecer a autoestima e a prepará-los para enfrentar desafios que requerem uma abordagem firme e decidida.

Essas adaptações de *mindful walking* não só ajudam os advogados a se reconectarem com o momento presente, mas também oferecem uma ferramenta prática para melhor gerenciar o estresse e a qualidade das decisões na vida profissional. A prática regular dessas técnicas pode trazer benefícios significativos para a vida pessoal e profissional, permitindo que enfrentem suas responsabilidades diárias com uma mente mais clara e um coração mais leve.

C. Meditação de curta duração para recarregar energias

Vamos explorar como cada perfil comportamental pode se beneficiar da meditação de curta duração (3 minutos) para recarregar energias, com foco em situações específicas em que essa prática pode ser especialmente eficaz.

Perfil decisivo

– *Como praticar*: advogados com perfil decisivo devem focar em meditações rápidas que ajudem a recalibrar sua energia, mantendo a assertividade sem resvalar para a agressividade. Eles podem se concentrar em visualizações que reforcem o equilíbrio entre firmeza e empatia.

- *Quando praticar*: ideal para momentos antes de negociações importantes ou decisões críticas, como em uma pausa no meio do dia ou antes de entrar em uma reunião.

Perfil analítico

- *Como praticar*: a meditação pode ser focada na desconexão temporária dos processos de pensamento intensos. Advogados analíticos podem se beneficiar de técnicas que promovam a "limpeza mental", como visualizar pensamentos sendo gentilmente afastados por uma corrente de água.
- *Quando praticar*: em momentos de sobrecarga de informações ou após longas horas de trabalho concentrado, como depois de uma sessão de pesquisa ou elaboração de documentos.

Perfil expressivo

- *Como praticar*: advogados expressivos podem utilizar a meditação para reconectar-se com seu centro emocional, balanceando sua energia social. A prática pode incluir a visualização de absorver energia positiva e expelir o estresse.
- *Quando praticar*: ideal para momentos antes de interações sociais intensas, como audiências, reuniões com clientes ou eventos de *networking*.

Perfil paciente

- *Como praticar*: meditações breves para advogados pacientes podem se concentrar em fortalecer a confiança e a proatividade. Eles podem se beneficiar de visualizações que envolvam ganhar energia e força com cada respiração.

– *Quando praticar*: em situações que exijam um papel mais ativo ou antes de assumir tarefas que estejam fora da sua zona de conforto, como liderar uma reunião ou apresentar argumentos em tribunal.

Cada um desses estilos de meditação oferece uma maneira de recuperar e redirecionar a energia mental e emocional, permitindo aos advogados enfrentar os desafios do dia a dia com maior clareza e eficácia. Práticas de *mindfulness* como esta, adaptadas às características individuais de cada pessoa, podem levar a uma melhoria significativa no bem-estar e na eficiência profissional.

Capítulo 3

ADVOGADOS NÃO SÃO ROBÔS

Era uma manhã comum de outono em Bruxelas quando, sentada em um café charmoso e aproveitando o tempo para escrever meu diário, eu refletia sobre as reviravoltas da minha jornada. Lembrei-me dos tempos em que, como muitos de vocês, dividia meu tempo entre um trabalho diurno e estudos noturnos.

É fato que há momentos na nossa vida que demandam uma força extra, uma energia potente para alcançar grandes conquistas. A vida, com seus ciclos, nos brinda com momentos marcantes, especialmente quando somos jovens e cheios de energia. Aquelas noites longas, em que o cansaço batia à porta, mas a determinação em construir um futuro promissor mantinha as janelas da alma abertas.

Sair do interior para viver em São Paulo, esse gigante de concreto e sonhos, me ensinou o valor inestimável da resiliência e da força. Também me mostrou o preço que pagamos quando ignoramos nossas necessidades básicas – como pausas para uma respiração consciente ou para nutrir nosso corpo e mente.

Recordo-me de dias em que, absorvida pelo trabalho, esquecia até mesmo das necessidades fisiológicas mais básicas. Quantos de nós já não se viram presos em uma rotina frenética, negligenciando a saúde e o bem-estar em nome do sucesso profissional?

A mudança para a Europa abriu horizontes inesperados. Nesse novo contexto, a cultura de trabalho distinta propiciou a oportunidade de um emprego de meio período em uma multinacional. Comprometida em demonstrar meu valor e minha capacidade, me dediquei como se estivesse em tempo integral, esforçando-me para entregar o equivalente a oito horas de trabalho em apenas quatro. Após alguns meses, já familiarizada com as práticas de *mindfulness*, enfrentei um paradoxo: minha carga horária era reduzida, mas a exaustão e irritabilidade eram constantes.

A qualidade do meu sono estava comprometida. Embora meus filhos dormissem tranquilamente a noite toda, eu acordava frequentemente, chegando a levantar-me de cinco a sete vezes por noite apenas para ir ao banheiro. Na correria diária, negligenciei esses sinais, mas a revelação veio durante uma sessão de respiração consciente ao volante: eu havia condicionado meu corpo a um estado de vigilância perpétua, suprimindo necessidades básicas para manter o foco no trabalho. Meu corpo adaptou-se para lidar com a necessidade de usar o banheiro apenas à noite, uma vez que durante o dia esses impulsos básicos eram ignorados. Ao reprimir sinais tão fundamentais como a necessidade de ir ao banheiro, estava me desumanizando, transformando-me em uma máquina em prol da produtividade.

Esse momento de clareza foi mais um divisor de águas e uma aprendizagem que levarei para a vida. Ele me fez questionar: estamos, nós advogados, vivendo como se fôssemos robôs? Negligenciamos nossa humanidade em busca de um ideal de sucesso e eficiência?

Sim, nós, advogados, não somos robôs, mas quantas vezes nos forçamos a agir como se fôssemos impulsionados por um sistema que valoriza mais a eficiência do que a humanidade?

Foi então que compreendi a importância crucial da inteligência emocional em nossa profissão. Não basta sermos excepcionais na interpretação das leis; é imperativo que também sejamos mestres em compreender e gerenciar nossas emoções e as dos outros.

A verdadeira inteligência emocional nos permite reconhecer nossos limites e necessidades, além de nos equipar com ferramentas para enfrentar os desafios diários de uma maneira que respeite nossa integralidade como seres humanos. É uma habilidade que nos permite ser advogados conscientes, equilibrados e, acima de tudo, humanos em um mundo que muitas vezes esquece a importância dessa nossa essência.

No cenário jurídico contemporâneo, a inteligência emocional emerge como um farol em meio à neblina da rotina intensa dos advogados brasileiros. Tradicionalmente, a advocacia é vista como uma profissão que demanda raciocínio lógico afiado e conhecimento técnico profundo. No entanto, a inteligência emocional — a habilidade de compreender e gerenciar as próprias emoções e as dos outros — tem sido subestimada em sua importância para o exercício eficaz da profissão.

Desmistificar a inteligência emocional na prática jurídica é essencial em um momento no qual o estresse e o *burnout* se tornaram preocupações prementes. Estudos revelam que advogados estão entre os profissionais com maiores índices de estresse e problemas de saúde mental. Esse cenário não é diferente no Brasil, devido à constante pressão por resultados e a competitividade exacerbada, o que cria um terreno fértil para o desgaste emocional.

A inteligência emocional, nesse contexto, não é apenas uma ferramenta para melhorar a qualidade de vida do advogado, mas também um meio para potencializar sua performance profissional. A capacidade de entender e gerir emoções pode transformar a maneira como interagimos com clientes, colegas e o próprio sistema jurídico. Ela nos permite criar uma prática jurídica mais empática, ética e eficiente.

O estudo "Sources and reactions to stress in Brazilian lawyers"[18] mostra que, entre os advogados brasileiros, a falta de autonomia no trabalho (latitude de decisão) e um suporte social inadequado dos colegas são fatores que contribuem significativamente para o aumento do estresse. Ao mesmo tempo, esses elementos, quando presentes, servem como importantes mitigadores do estresse, reduzindo a insatisfação no trabalho, a depressão e os problemas psicossomáticos.

Esse panorama destaca a necessidade de se desenvolver uma maior inteligência emocional entre os advogados, incentivando práticas que promovam um melhor gerenciamento das emoções e do estresse, e a construção de um ambiente de suporte mútuo. A promoção de uma maior autonomia das decisões diárias e o reforço de redes de apoio no ambiente de trabalho são passos essenciais para aliviar as tensões da profissão e alinha a prática jurídica com um bem-estar genuíno e sustentável.

É importante frisar que desenvolver a inteligência emocional não significa suprimir a racionalidade jurídica. Pelo contrário, é um complemento essencial. Ela permite que o advogado navegue por situações complexas e estressantes com maior clareza e controle, evitando reações impulsivas que podem prejudicar casos ou relações profissionais. Além disso, a inteligência emocional ajuda a identificar e gerenciar o estresse, prevenindo o *burnout* e promovendo uma carreira mais longeva e satisfatória.

Para o advogado moderno, consciente das demandas de uma profissão em constante evolução, a inteligência emocional é uma habilidade indispensável. Ela se traduz em uma prática jurídica mais humana e conectada, em que a compreensão das nuances emocionais se torna tão importante quanto o domínio das leis. Embarcar na jornada de desenvolver a inteligência emocional é, portanto, um passo essencial para aqueles que buscam sucesso, significado e equilíbrio na advocacia.

3.1 O papel da inteligência emocional na tomada de decisões e na liderança

Na arena da advocacia brasileira, em que cada decisão e estratégia podem ter consequências significativas, a inteligência emocional surge não apenas como um complemento, mas como uma ferramenta essencial. Em um mundo em que a lógica jurídica é soberana, a habilidade de entender e gerenciar emoções — tanto as próprias quanto as dos outros — é muitas vezes subestimada, mas seu impacto na tomada de decisões e na liderança é imenso.

Para o advogado brasileiro, que navega em um mar de complexidades legais e expectativas elevadas, a inteligência emocional oferece um farol de clareza. Em um ambiente no qual o estresse e a pressão são constantes, a capacidade de manter a calma, analisar as situações com empatia e responder de maneira ponderada é primordial. Essa habilidade se torna ainda mais importante em situações de conflito, em que emoções intensas podem facilmente desviar o foco do objetivo principal.

Quando cursamos Direito, provavelmente, assim como eu, você escutou que advogado bom é advogado combativo. Quanto mais briguento e quanto mais demonstrasse sua raiva e ira diante da injustiça, você assumiria a glória e capa de super-herói da prática jurídica. Acontece que, na maioria dos casos, não aprendemos a atuar emocionalmente sem que isso afete nosso lado pessoal. E, como já vimos, para conseguir desconectar das emoções intensas do dia a dia se aprende que a bebida, a comida, as compras ou vício em trabalho ajudarão a aliviar esse estado emocional alterado. Quando comecei minha prática jurídica no contencioso civil, não demorei a começar a sofrer com os inúmeros casos que me atingiam emocionalmente, e eu voltava para casa carregada com tantos problemas e não sabia me libertar deles. Cheguei a escutar de advogados seniores a frase: "meu emocional fica do lado de fora". Mas seria esse, de fato, o melhor método para uma liderança jurídica inspiradora?

O papel da inteligência emocional na tomada de decisões transcende a simples análise dos fatos. Ela permite ao advogado perceber nuances e entender melhor as motivações e preocupações das partes envolvidas. Essa compreensão mais profunda pode levar a soluções mais criativas e eficazes, que atendam às necessidades de todas as partes, gerando resultados mais satisfatórios e duradouros.

Na liderança, a inteligência emocional é igualmente vital. Um líder na área jurídica que compreende e valoriza as emoções de sua equipe pode criar um ambiente de trabalho mais harmonioso e produtivo. A capacidade de motivar, inspirar confiança e resolver conflitos internos é diretamente influenciada pela habilidade do líder em lidar com as emoções. Uma liderança que incorpora a inteligência emocional pode transformar radicalmente o ambiente de trabalho, reduzindo o estresse e aumentando a satisfação e o engajamento da equipe.

Para o advogado brasileiro, o desenvolvimento da inteligência emocional não é apenas uma questão de sucesso profissional, mas também um caminho para uma prática jurídica mais equilibrada e satisfatória. Ao integrar a inteligência emocional em sua vida profissional, o advogado pode alcançar melhores resultados para seus clientes, um maior equilíbrio pessoal e bem-estar.

Portanto, convido você, advogado, a considerar a inteligência emocional como uma parte essencial do seu kit de ferramentas jurídicas. Ao fazê-lo, você aprimora suas habilidades profissionais e embarca em uma jornada de crescimento pessoal, que irá refletir em todas as áreas da sua vida. A Advocacia Consciente começa aqui, com o reconhecimento e a valorização da riqueza emocional que todos nós temos.

3.2 Importância da inteligência emocional

Desenvolver a inteligência emocional na advocacia não se trata apenas aprender a entender e gerenciar as emoções – trata-se de reinventar a forma como vivenciamos nossa profissão. No coração de um advogado, entre os autos de processos e as leis, reside uma constelação de emoções, muitas vezes negligenciadas em prol de uma postura profissional impenetrável. Mas aqui está o paradoxo: abraçar a autocompaixão e a inteligência emocional pode, de fato, ser a chave para uma advocacia mais bem-sucedida e gratificante.

À medida que eu aumentava minha experiência já na área de Direito de Família, assumindo casos cada vez mais complexos e consciente de todo processo emocional ao qual somos submetidos, percebi que os resultados exitosos estavam diretamente relacionados não apenas com um conhecimento jurídico, mas também com meu compromisso profissional de validar as emoções que envolviam aquele processo. Não se tratava apenas do estado emocional do cliente, mas de como eu conseguia manter-me como observadora e praticar verdadeira compaixão diante do sofrimento deles. Obviamente, ainda tenho muito o que aprender e praticar, mas todos esses anos em que me dediquei a expandir minha inteligência emocional me ensinaram a reconhecer as emoções e captar o momento em que dispara nossa reatividade.

Imagine um dia típico no escritório: prazos apertados, clientes ansiosos, um oceano de documentações. Em meio a esse turbilhão, surge um momento de frustração, talvez por um erro pequeno, mas que parece monumental. Aqui, a autocompaixão entra em cena. Em vez de sucumbir à autocrítica severa, que muitas vezes acompanha esses erros, o advogado consciente respira fundo e se lembra de que a perfeição é um mito. Valorize e celebre o impacto significativo das pequenas mudanças. Esta simples mudança de atitude – de autocrítica para autocompaixão – pode diminuir significativamente o estresse e aumentar a resiliência.

VALORIZE E CELEBRE O IMPACTO SIGNIFICATIVO DAS PEQUENAS MUDANÇAS.

A autocompaixão não é indulgência, é reconhecer que ser humano envolve falhas e aprender com elas. Paul Gilbert, um dos maiores estudiosos em Compaixão e um dos meus autores favoritos, sugere que a autocompaixão está diretamente relacionada com maior bem-estar emocional. O autor afirma que a compaixão permite ativar o sistema de calma e satisfação, o que nos permite devolver a tranquilidade e a felicidade. Para o advogado, isso significa menos dias consumidos por estresse e mais energia para se dedicar ao que realmente importa: a justiça e o bem-estar próprio e de seus clientes.

Desenvolver a inteligência emocional também significa entender melhor os outros – uma habilidade inestimável na negociação e na mediação. Quando um advogado pode perceber e responder adequadamente às emoções do cliente ou da parte contrária, ele abre caminho para soluções mais empáticas e eficientes. É a diferença entre um acordo amargo e uma resolução que satisfaz todas as partes envolvidas.

Além disso, a prática da autocompaixão e da inteligência emocional tem um efeito cascata: melhora as relações no ambiente de trabalho, promove uma liderança mais humana e aumenta a satisfação pessoal. Essa mudança de paradigma na advocacia não é apenas desejável, é essencial.

Então, caro colega advogado, enquanto você navega pelos desafios e recompensas da sua carreira, lembre-se de que cuidar da sua saúde emocional é tão importante quanto zelar pela sua competência jurídica. Ao adotar a autocompaixão e a inteligência emocional, você se torna um profissional melhor e contribui para uma mudança positiva na cultura jurídica. Esta é a Advocacia Consciente em ação – uma jornada que transforma não só a prática jurídica, mas também quem a pratica.

Capítulo 4

RECONCILIANDO TRABALHO E VIDA PESSOAL

Durante minha carreira como advogada e idealizadora do programa de redução de estresse na advocacia, testemunhei diversos casos de colegas e alunos lutando para manter um equilíbrio saudável entre trabalho e vida pessoal. Um caso particularmente marcante foi o de um aluno que sofreu múltiplos infartos devido à pressão e estresse intensos no trabalho. O esgotamento físico e mental foi evidente. Esse relato não é um caso isolado, mas um reflexo de um problema sistêmico na advocacia.

Na advocacia, um dos problemas mais recorrentes e menos discutidos é o desequilíbrio entre trabalho e vida pessoal. A cultura jurídica frequentemente glorifica longas horas de trabalho e disponibilidade constante, resultando em um cenário em que o estresse crônico e o *burnout não* são exceções, mas quase regras implícitas da profissão.

Os estressores no local de trabalho não só afetam a produtividade, mas também têm um impacto direto e significativo na saúde dos empregados. As pesquisas[19] consolidadas por Joel Goh, Jeffrey Pfeffer e Stefanos A. Zenios indicam que a insegurança no emprego aumenta as chances de problemas de saúde em cerca de 50%, enquanto altas demandas no trabalho elevam as chances de doenças diagnosticadas por médicos em 35%, e longas horas de trabalho aumentam a mortalidade em quase 20%. Esses achados sublinham a necessidade crítica de políticas que considerem os efeitos dos estressores psicossociais no local de trabalho na saúde.

O estudo também aborda a eficácia variável dos programas de bem-estar no local de trabalho, notando que tais iniciativas muitas vezes não conseguem melhorar significativamente os custos de saúde ou os resultados de saúde porque não abordam as causas fundamentais relacionadas ao ambiente de trabalho que contribuem para o estresse. A análise sugere que os programas de bem-estar precisam ser acompanhados por mudanças nas práticas de trabalho, como a redução das horas de trabalho e a promoção de um equilíbrio saudável entre trabalho e vida pessoal, para serem eficazes.

O caminho para a resolução desse problema começa com o reconhecimento de que a saúde e o bem-estar são tão vitais quanto o sucesso profissional. Para meu aluno, e para muitos outros advogados, a jornada de mudança começou com a difícil decisão de reduzir a carga de trabalho. Alguns tiveram que fazer essa escolha após enfrentarem consequências físicas graves, enquanto outros, por uma conscientização gradual, optaram por um caminho mais equilibrado antes que problemas mais sérios surgissem.

Para muitos, essa mudança envolveu uma reavaliação das prioridades profissionais, a adoção de uma gestão de tempo mais eficaz, e, em alguns casos, até a busca de apoio terapêutico ou de *coaching*. A mudança também incluiu a incorporação de práticas de *mindfulness* e técnicas de relaxamento no dia a dia, auxiliando na redução do estresse e na promoção de uma maior consciência sobre as necessidades do próprio corpo e mente.

O resultado dessa transformação vai além da melhoria da saúde física e mental. Os advogados que conseguiram estabelecer um equilíbrio mais saudável entre trabalho e vida pessoal relataram um aumento na satisfação profissional, melhorias nas relações familiares e pessoais, e uma maior capacidade de desfrutar a vida fora do escritório. Além disso, muitos descobriram que, ao priorizarem sua saúde e bem-estar, tornaram-se mais eficientes e produtivos em suas funções jurídicas, desmistificando a noção de que trabalhar excessivamente é sinônimo de sucesso na advocacia.

Essa mudança de paradigma não é apenas possível, mas essencial para a sustentabilidade da carreira na advocacia. Ao adotarmos uma abordagem mais consciente e equilibrada, podemos melhorar nossa qualidade de vida e dar um exemplo positivo para as gerações futuras de advogados.

Ao mergulharmos nas estratégias propostas, você descobrirá que é possível ser um advogado de sucesso sem sacrificar sua saúde, seu bem-estar ou seus relacionamentos pessoais. A promessa aqui é a de uma advocacia que não drena suas energias, mas que, pelo contrário, as renova e fortalece.

A oportunidade que se apresenta é a de aprender a estabelecer limites saudáveis entre a vida profissional e a pessoal. Este capítulo irá guiá-lo por meio de métodos práticos e testados para criar um espaço de trabalho que respeite seu tempo e sua necessidade de descanso e recuperação. Você aprenderá como desconectar-se do trabalho para recarregar as energias, e como essa desconexão pode, paradoxalmente, aumentar sua produtividade e eficiência.

Além disso, este capítulo lhe oferece o conhecimento necessário para buscar e aceitar apoio, seja ele emocional, psicológico ou profissional. Entender que pedir ajuda é um ato de força e sabedoria é determinante para a construção de uma carreira mais consciente e gratificante.

A promessa, portanto, é de uma advocacia mais alinhada com seus valores e objetivos de vida. Uma advocacia que permite tempo para si mesmo, para sua família e para suas paixões fora do trabalho. A oportunidade é de transformar a forma como você pratica a profissão, tornando-a uma fonte de satisfação e não de esgotamento.

Convido você, leitor, a embarcar nesta jornada de autoconhecimento e transformação. As ferramentas e entendimentos fornecidos neste capítulo são passos práticos para alcançar uma vida profissional mais equilibrada e feliz. Ao final desta leitura, você estará equipado não apenas com conhecimento, mas com a coragem de fazer mudanças significativas em sua vida e prática jurídica.

4.1 Estratégias para criar fronteiras saudáveis entre trabalho e vida pessoal

A chave para um equilíbrio saudável é estabelecer limites claros entre o trabalho e a vida pessoal. Isso inclui definir horários específicos para o trabalho, criar um ambiente propício em casa para atividades profissionais, e aprender a dizer não quando necessário. Essas estratégias ajudam a manter a sanidade mental e a melhorar a qualidade de vida fora do trabalho.

No mundo acelerado da advocacia, em que o estresse e a carga de trabalho podem ser esmagadores, é essencial estabelecer fronteiras saudáveis entre o trabalho e a vida pessoal. A seguir, você encontrará dicas práticas para incorporar *mindfulness* e compaixão em seu dia a dia, ajudando-o a atingir um equilíbrio mais saudável.

A. Defina horários de trabalho claros

- *Mindfulness* **no início do dia:** antes de começar a trabalhar, reserve um momento para uma prática de *mindfulness*. Mesmo cinco minutos de respiração consciente ou meditação podem ajudar a estabelecer um tom de calma e foco para o dia.
- **Limites claros:** estabeleça horários fixos de início e término do trabalho. Comunique esses limites à sua equipe e clientes para criar um entendimento mútuo.

B. Crie um espaço de trabalho propício

- **Ambiente:** organize seu espaço de trabalho para promover a tranquilidade. Isso pode incluir plantas, iluminação suave, ou um espaço para meditação breve.
- **Mindfulness no escritório:** durante o dia, faça pausas breves para práticas de *mindfulness*, como atenção plena à respiração ou meditações guiadas de 1 a 3 minutos.

C. Técnicas de mindfulness durante o trabalho

- **Respiração consciente entre tarefas:** antes de iniciar uma nova tarefa, faça uma breve pausa para respirar conscientemente. Isso ajuda a manter o foco e a clareza.
- ***Mindful eating* no almoço:** utilize o almoço como uma oportunidade para praticar *mindful eating*. Coma lentamente, prestando atenção às sensações e sabores.

D. Uso consciente da tecnologia

- ***E-mails* e mensagens:** estabeleça horários específicos para verificar e responder a *e-mails*. Evite a tentação de estar constantemente conectado.
- **Notificações:** desative notificações não essenciais no celular ou computador para reduzir distrações e estresse.

E. Práticas de compaixão e gratidão

- **Diário de gratidão:** no final do dia, reserve um momento para anotar três coisas pelas quais você é grato. Isso ajuda a cultivar uma perspectiva positiva.
- **Compaixão no trabalho:** pratique a compaixão com colegas e clientes. Pequenos atos de bondade e empatia podem melhorar significativamente o ambiente de trabalho.

F. Desconexão pós-trabalho

- **Rituais de transição:** crie um ritual para marcar o fim do seu dia de trabalho, como uma caminhada ou uma atividade relaxante, sinalizando para o cérebro que é hora de relaxar.
- **Atividades pós-trabalho:** engaje-se em atividades que você ama, seja um hobby, esporte ou tempo com a família, para recarregar as energias.

Ao implementar essas estratégias, você começará a perceber uma melhora significativa em seu bem-estar e qualidade de vida. Lembre-se: a chave para uma carreira jurídica bem-sucedida e sustentável não reside apenas no trabalho árduo, mas também na capacidade de cuidar de si mesmo e manter um equilíbrio saudável entre vida profissional e pessoal.

4.2 A importância da desconexão e da recuperação

Imagine fechar os olhos após um longo dia de trabalho e simplesmente respirar. No mundo agitado da advocacia, em que cada decisão pode parecer um peso monumental, aprender a se desconectar não é apenas um luxo — é uma necessidade vital. Desconectar-se é como apertar o botão de pausa em meio ao caos, permitindo que você recupere a energia mental e física essencial para enfrentar os desafios com uma nova perspectiva.

Desconectar-se do trabalho é essencial para recarregar as energias. Atividades como *hobbies*, exercícios físicos ou momentos de relaxamento e meditação são fundamentais para restaurar a energia mental e física. Essas práticas oferecem a chance de recuperar a clareza mental e a criatividade necessárias para um desempenho profissional eficaz.

Na busca por um equilíbrio entre a carreira jurídica e a vida pessoal, a desconexão e a recuperação emergem como elementos cruciais. O conceito de antifragilidade, introduzido por Nassim Nicholas Taleb[20], propõe que certos sistemas se beneficiam de choques e estresses, não apenas resistindo, mas evoluindo e fortalecendo-se por meio da adversidade.

Segundo Taleb, a antifragilidade é mais do que a resiliência ou robustez; é a capacidade de prosperar e crescer em resposta a incertezas, volatilidade e estresse. Em um contexto organizacional, isso se traduz na habilidade de um sistema ou organização de não apenas sobreviver ao caos, mas de usá-lo como catalisador para inovação e desenvolvimento.

Ao passo que a resiliência envolve a capacidade de retornar ao estado original após um desafio, a antifragilidade implica melhorar e se adaptar como resultado deste desafio. Isso é fundamentos para o desenvolvimento pessoal e profissional contínuo, pois incentiva uma mentalidade de aprendizado e crescimento constante diante das adversidades.

Resiliência e antifragilidade não são apenas conceitos teóricos, mas práticas que podem ser incorporadas no dia a dia de qualquer profissional. Ao cultivarem essas qualidades, indivíduos e organizações podem criar um ambiente mais adaptativo e inovador, pronto para responder de maneira proativa aos desafios que surgem.

Enquanto a desconexão oferece um respiro necessário do estresse diário, a antifragilidade e a resiliência fornecem as ferramentas para transformar esse estresse em uma força propulsora para o crescimento pessoal e profissional. Essa seção irá explorar como esses conceitos podem ser praticados de maneira concreta, proporcionando uma sobrevivência temporária e um florescimento a longo prazo no mundo jurídico.

4.2.1. Antifragilidade na advocacia

No dinâmico e exigente mundo da advocacia, em que as pressões são constantes, desconectar-se e recuperar-se não são apenas benefícios; são necessidades fundamentais. Desligar-se do trabalho permite aos advogados recarregar suas energias físicas e mentais, além de aprimorar sua capacidade de lidar com adversidades de maneira mais robusta e criativa. A seguir, exploraremos como a desconexão e a recuperação formam a espinha dorsal do que Nassim Nicholas Taleb[21] descreve como antifragilidade – uma qualidade que permite a indivíduos e sistemas não só sobreviverem ao caos, mas prosperarem por causa dele.

A desconexão eficaz envolve mais do que apenas pausas temporárias no trabalho; trata-se de um desengajamento qualitativo que permite a recuperação mental e emocional. Ao se desligarem de tarefas e obrigações, os advogados podem reduzir significativamente o risco de esgotamento e aumentar sua resiliência, um conceito que, segundo o cientista Munoz[22], descreve a capacidade de se recuperar de adversidades.

A recuperação, por sua vez, não se limita ao descanso passivo. Engajar-se em atividades que revitalizam o corpo e a mente, como *hobbies* ou exercícios físicos, pode reforçar a resiliência ao proporcionar novas perspectivas e energia renovada. Esse processo é essencial para desenvolver uma prática jurídica sustentável e para manter a paixão pela profissão.

Acredito que o conceito de antifragilidade na advocacia é, portanto, a capacidade de transformar adversidades em vantagens. Ao aprenderem a se desconectar de maneira eficaz e a recuperar-se de forma proativa, os advogados podem retornar ao seu estado original e alcançar um novo nível de competência e satisfação pessoal e profissional.

Para cultivar tanto a resiliência quanto a antifragilidade, é fundamental adotar práticas regulares de desconexão e técnicas de recuperação, mesmo durante o expediente. Isso pode incluir meditação, técnicas de respiração ou simplesmente períodos de quietude e reflexão. Essas práticas ajudam a lidar com o estresse do dia a dia, além de potencializar a capacidade do advogado de se adaptar e evoluir frente aos desafios, contribuindo para uma carreira mais rica e gratificante.

Enquanto a advocacia pode ser uma profissão que tradicionalmente valoriza a constância e a resistência, a verdadeira vantagem competitiva no futuro pode residir na capacidade de ser antifrágil – de usar os desafios como trampolins para o crescimento. Esta seção lança as bases para uma prática jurídica que não apenas sobrevive, mas prospera em face do inesperado e do imprevisível, oferecendo uma nova perspectiva sobre como viver e trabalhar de maneira mais equilibrada e realizada.

Para advogados, a prática da antifragilidade pode ser iniciada com o reconhecimento e a aceitação de que o ambiente jurídico é intrinsecamente volátil e imprevisível. Aceitar essa realidade permite que o profissional utilize as adversidades como catalisadores para o crescimento pessoal e profissional.

- **Exercício de reflexão e resposta a** *feedbacks*: um exercício fundamental para fomentar a antifragilidade é o desenvolvimento de uma rotina de reflexão e abertura para *feedbacks* construtivos.

Após cada caso ou projeto, o advogado pode reservar um momento para analisar o que foi bem e o que pode ser melhorado, questionando-se como cada desafio enfrentado contribuiu para o seu crescimento. Esse exercício fortalece a capacidade de adaptação e aprendizado contínuo, bem como prepara o advogado para lidar com futuras incertezas de maneira mais eficaz.

- **Prática de *mindfulness* e meditação**: integrar práticas de *mindfulness* e meditação no dia a dia pode ajudar os advogados a manterem-se centrados e calmos em situações de alta pressão. Essas práticas ajudam na manutenção da clareza mental e na capacidade de se desvincular emocionalmente dos resultados imediatos, focando o longo prazo e os benefícios derivados de cada experiência, por mais desafiadora que seja.
- **Simulações e teatro**: refere-se à prática de simulação ou dramatização, em que os indivíduos assumem papéis e agem em cenários fictícios para explorar e aprender a lidar com situações complexas. É uma técnica comumente usada em treinamentos e educação para desenvolver habilidades específicas, como comunicação, tomada de decisões e resolução de problemas, permitindo aos participantes experimentar e reagir a diferentes cenários em um ambiente controlado.

No âmbito jurídico, essa prática pode ser utilizada para treinar advogados na maneira de lidar com casos difíceis, negociações ou interações desafiadoras com clientes e outros advogados. Expor-se intencionalmente a situações desafiadoras, como simulações de casos complicados ou dramatizações de negociações difíceis, pode preparar advogados para reais adversidades. Essas atividades não só melhoram habilidades jurídicas e de negociação, mas também ensinam a lidar com o estresse e a incerteza de forma construtiva.

- **Diário de crescimento pessoal:** manter um diário no qual se registram as experiências diárias e as lições aprendidas pode ser uma ferramenta poderosa para construir antifragilidade. Esse hábito encoraja uma avaliação contínua do progresso pessoal e profissional e fortalece a mentalidade de que cada obstáculo é uma oportunidade de aprendizado.
- **Treinamentos e *workshops*:** participar de treinamentos e *workshops* focados em resiliência e antifragilidade pode proporcionar aos advogados novas perspectivas e ferramentas para integrar esses conceitos em suas práticas diárias. Esses programas, muitas vezes, oferecem percepções valiosas sobre como transformar teoria em prática efetiva. A adoção dessas práticas não apenas capacita os advogados a se desenvolverem em suas carreiras, mas também transforma a maneira como veem e reagem às adversidades. Como mencionado por Taleb em seu trabalho sobre antifragilidade, aprender a prosperar em meio a desafios é uma habilidade inestimável em qualquer campo, e acredito que especialmente na advocacia, em que o imprevisível é muitas vezes a única certeza.

4.3 Como buscar apoio para ajudar a criar um equilíbrio mais saudável

Na exigente carreira da advocacia, em que cada decisão carrega peso e consequências, manter um equilíbrio entre a vida profissional e pessoal transcende a simples organização do tempo. É essencial também cuidar da saúde mental e emocional. Diante desses desafios, procurar apoio externo se revela crucial não apenas para preservar a produtividade, mas para garantir o bem-estar integral do advogado. Reconhecer a importância de buscar ajuda é o primeiro passo para uma prática jurídica mais saudável e sustentável. A seguir, exploraremos algumas formas eficazes pelas quais os advogados podem encontrar esse suporte necessário.

- **Terapia e aconselhamento psicológico:** a terapia é uma ferramenta poderosa para advogados que enfrentam o estresse crônico e a ansiedade, proporcionando um espaço seguro e confidencial para explorar emoções e conflitos internos. Psicoterapeutas especializados podem oferecer técnicas baseadas em evidências, como a Terapia Cognitivo-Comportamental (TCC), que ajuda os indivíduos a reformular pensamentos negativos e desenvolver habilidades de enfrentamento mais saudáveis.
- *Coaching* **de carreira e vida:** o *coaching* oferece uma abordagem mais direcionada e orientada para objetivos, ajudando os advogados a identificar suas metas profissionais e pessoais e a traçar estratégias eficazes para alcançá-las. Um *coach* pode ajudar a navegar por transições de carreira, melhorar a gestão de tempo e aumentar a eficácia pessoal, alinhando as ações do dia a dia com os valores e aspirações de longo prazo do indivíduo.
- **Grupos de apoio e redes de pares:** participar de grupos de apoio ou redes de pares proporciona uma oportunidade de compartilhar experiências e desafios com colegas que entendem as nuances da profissão jurídica. Esses grupos podem ser formados dentro de organizações, por intermédio de associações profissionais ou mesmo *online*. Eles oferecem um espaço de validação e suporte mútuo, onde estratégias de enfrentamento são compartilhadas e os membros podem se sentir menos isolados em suas lutas.
- **Mentoria:** estabelecer uma relação de mentoria com advogados mais experientes pode ser incrivelmente valioso. Mentores podem

oferecer conselhos práticos baseados em suas próprias experiências, além de orientação sobre como manejar as pressões da carreira. Além disso, a mentoria pode evoluir para uma colaboração em que ambos, mentor e aprendiz, se beneficiam do intercâmbio de ideias e experiências.

- **Atenção plena e *mindfulness*:** programas de *mindfulness* e meditação têm se mostrado eficazes na redução do estresse e na promoção do equilíbrio emocional. Muitas empresas agora oferecem sessões de *mindfulness* como parte de seus programas de bem-estar no trabalho, reconhecendo que a saúde mental dos empregados impacta diretamente na produtividade e no ambiente de trabalho.
- **Recursos *online* e aplicativos:** uma vasta gama de recursos *online* e aplicativos de bem-estar estão disponíveis para ajudar os advogados a gerenciar o estresse, praticar *mindfulness* e melhorar a saúde mental. Esses recursos podem ser acessados conforme a conveniência do indivíduo, oferecendo flexibilidade para integrar práticas de saúde mental em horários irregulares.

Cada uma dessas abordagens fornece ferramentas distintas que podem ajudar os advogados a cultivar uma vida profissional mais equilibrada e satisfatória. Incorporar conscientemente uma ou mais dessas estratégias no cotidiano melhora a saúde individual e pode transformar a cultura jurídica, promovendo práticas mais sustentáveis e humanizadas dentro da profissão.

Agora, é hora de você aplicar essas estratégias na sua vida. Comece estabelecendo limites claros entre o trabalho e a vida pessoal, desconecte-se regularmente para recarregar as energias e não hesite em buscar apoio quando necessário. Lembre-se, a verdadeira coragem na advocacia também reside em cuidar de si mesmo e da sua saúde integral.

Capítulo 5

O PODER DO PENSAMENTO POSITIVO

A conexão entre felicidade e bem-estar no trabalho e o pensamento positivo é profundamente enraizada e sustentada por uma vasta gama de pesquisas. Estabelecer um ambiente de trabalho no qual a felicidade e o bem-estar prevaleçam pode significativamente melhorar a produtividade, a criatividade e a satisfação geral dos funcionários. Esse cenário positivo é benéfico para os indivíduos e para a organização como um todo.

O pensamento positivo no ambiente jurídico envolve ver desafios como oportunidades e falhas como momentos de aprendizado. Ao adotarem uma abordagem positiva, os advogados podem enfrentar adversidades com maior resiliência e criatividade. Esse tipo de atitude fomenta um ambiente em que o bem-estar não é apenas possível, mas é uma prioridade, permitindo que os advogados e colaboradores se sintam mais valorizados, mais engajados e conectados com seus papéis.

A felicidade no trabalho não se trata de eliminar momentos de estresse ou desafios, mas de cultivar um ambiente no qual os advogados possam encontrar significado e satisfação em suas atividades.

De acordo com as pesquisas apresentadas por Emiliana R. Simon-Thomas no artigo "The four keys to happiness at work"[23], o bem-estar no ambiente de trabalho é sustentado por pilares fundamentais como propósito, engajamento, resiliência e gentileza. Esses componentes não apenas criam uma base sólida para um ambiente de trabalho positivo e produtivo, mas também são essenciais para o desenvolvimento pessoal e profissional contínuo dos indivíduos, contribuindo significativamente para a construção de um espaço laboral mais harmonioso e eficiente.

Propósito no trabalho significa entender como as atividades diárias contribuem para objetivos maiores, tanto pessoais quanto organizacionais. O engajamento surge quando os funcionários sentem que suas contribuições são importantes e que têm voz ativa nas decisões da empresa. A resiliência é cultivada por meio da capacidade de se recuperar de contratempos, enquanto a gentileza no ambiente de trabalho promove um espaço de apoio mútuo e colaboração.

A prática do pensamento positivo e a promoção da felicidade no trabalho podem ser incentivadas por meio de programas de treinamento que ensinam os advogados a reconhecer e cultivar essas qualidades. Exercícios práticos, como meditação, reflexão sobre gratidão e reconhecimento das conquistas alheias, são maneiras eficazes de reforçar esses comportamentos positivos.

Em resumo, integrar o pensamento positivo ao dia a dia corporativo é uma estratégia para melhorar o ambiente de trabalho e uma ferramenta essencial para garantir o sucesso e a satisfação a longo prazo. Ao focarem o bem-estar e a felicidade, os escritórios jurídicos e advogados podem transformar desafios em oportunidades de crescimento e inovação, beneficiando todos os envolvidos.

Na minha jornada como advogada e professora, testemunhei repetidamente o impacto transformador do pensamento positivo. Um exemplo marcante foi um aluno, também advogado, que enfrentava uma crise de autoconfiança e pessimismo profundo sobre sua carreira.

Ele estava desgastado pela rotina estressante e pelas constantes pressões da profissão. Sentia-se derrotado, focando apenas os aspectos negativos de seu trabalho. Após várias conversas, sugeri a ele a prática do pensamento positivo, aliado ao diário da gratidão e técnicas de *mindfulness*. Com o tempo, ele começou a mudar seu foco, concentrando-se mais em suas conquistas e no potencial de crescimento, em vez de seus fracassos e medos.

O resultado foi notável. Ele não apenas se tornou mais otimista e motivado, mas também mais eficaz em seu trabalho. Sua nova perspectiva positiva permitiu-lhe abordar desafios com uma atitude de solução, em vez de desistir diante das adversidades.

Quero que você, leitor, entenda que o pensamento positivo não é apenas um clichê. É uma ferramenta poderosa que pode transformar sua prática na advocacia. Ao mudar sua mentalidade, você melhora seu bem-estar e sua eficácia profissional.

5.1 Como o pensamento positivo pode transformar a advocacia

Felicidade e bem-estar no ambiente de trabalho são essenciais para um desempenho produtivo e satisfatório. A psicologia positiva, ao ser aplicada nesse contexto, propõe que a presença de emoções positivas pode transformar radicalmente a maneira como trabalhamos, influenciando diretamente na motivação, na satisfação e no comprometimento dos profissionais.

A conexão entre pensamento positivo e bem-estar no trabalho é evidente. O pensamento positivo não se limita apenas a ter uma atitude otimista, muito menos ignorar problemas, mas enfrentá-los com uma mentalidade de crescimento e solução; trata-se de uma abordagem mais profunda que inclui o reconhecimento e a valorização das capacidades individuais e coletivas, promovendo um ambiente de trabalho em que o respeito, a cooperação e o apoio mútuo são primordiais.

Um dos conceitos-chave da psicologia positiva aplicada ao trabalho é a ideia de *flow* ou fluxo, um estado psicológico em que o indivíduo está completamente imerso e envolvido na atividade que está realizando. Esse estado é marcado por um alto nível de prazer e satisfação durante a execução de uma tarefa que desafia habilidades e competências, levando a um desempenho elevado e a uma experiência de trabalho enriquecedora.

Estudos de Seligman[24] e Csikszentmihalyi[25] sublinham que emoções positivas e estados de *"flow"* podem aumentar significativamente a eficiência e a satisfação no trabalho. A conexão entre pensamento positivo e bem-estar no trabalho é reforçada por evidências que mostram como o ambiente positivo no trabalho influencia diretamente a motivação e a saúde mental dos funcionários. Outro estudo[26] enfatiza a importância da motivação intrínseca, que é amplamente mais satisfatória e menos dependente de monitoramento externo ou incentivos.

Além do *flow*, a importância de identificar e utilizar as forças pessoais no trabalho é um aspecto-chave. Quando os indivíduos aplicam suas forças principais – aquelas habilidades e talentos que são tanto poderosos quanto gratificantes para usar – eles melhoram seu próprio desempenho e contribuem de maneira mais significativa para os objetivos da organização. Essa aplicação não só melhora a produtividade, mas também aumenta a satisfação e a lealdade ao trabalho, reduzindo a rotatividade e fomentando um ambiente mais positivo e engajado.

A positividade no ambiente de trabalho também se relaciona com melhores níveis de bem-estar. Estudos demonstram que ambientes de trabalho positivos, nos quais há um equilíbrio saudável de desafios e suporte, promovem maior satisfação e menores índices de estresse e exaustão entre os funcionários.

Essa atmosfera positiva ajuda na criação de um espaço de trabalho em que resiliência, adaptabilidade e criatividade são normas, não exceções.

Uma pesquisa[27] sobre o papel da neuropsicologia na influência do afeto positivo sugere que estados de humor positivo ampliam a capacidade de lidar com complexidades e inovações. Além disso, outros estudos[28], [29] de Psicologia Positiva detectaram que estados de humor positivos influenciam diretamente o bem-estar geral.

Por fim, a resiliência organizacional é outra área na qual o pensamento positivo tem um impacto significativo. Como mostrado por um estudo[30] sobre a indústria aérea após o 11 de setembro, a resiliência organizacional é fortalecida por meio de comportamentos virtuosos e uma cultura de suporte.

Organizações que cultivam comportamentos virtuosos e uma cultura de suporte mútuo, que trataram seus funcionários com respeito e consideração são mais capazes de se recuperar de contratempos e desafios. A promoção de um ambiente de trabalho baseado no respeito, na compreensão e no incentivo ao desenvolvimento pessoal e coletivo contribui para uma força de trabalho mais resiliente e adaptável.

Um livro que eu gostei muito de ler e estudar da psicóloga Carol Dweck "*Mindset*: a nova psicologia do sucesso[31]", sugere que as habilidades e inteligências podem ser desenvolvidas por meio do esforço e da aprendizagem. Essa teoria diferencia dois tipos de mentalidades: a mentalidade fixa e a mentalidade de crescimento. Aqueles com uma mentalidade fixa acreditam que suas qualidades são imutáveis e que o sucesso é a afirmação de sua inteligência inata; falhas, portanto, são vistas como limitações pessoais. Por outro lado, indivíduos com uma mentalidade de crescimento veem desafios como oportunidades de crescimento e aprendizado, acreditando que suas habilidades podem ser aprimoradas com esforço e persistência.

Aplicando essa teoria à advocacia, os advogados com uma mentalidade de crescimento poderiam encarar os desafios jurídicos como chances para melhorar suas competências e estratégias legais. Em vez de temerem os casos difíceis como potenciais fracassos, eles poderiam vê-los como situações para desenvolver uma advocacia mais robusta e inovadora.

Essa abordagem não só impulsiona o desenvolvimento profissional contínuo, mas também pode levar a uma maior satisfação e sucesso na carreira, uma vez que os advogados com essa mentalidade estão constantemente aprendendo e se adaptando, o que é crucial em um campo que está sempre evoluindo com novas leis e precedentes.

Adotar uma mentalidade de crescimento na advocacia permite aos profissionais abraçar os erros e fracassos não como reflexos de suas incapacidades, mas como momentos essenciais de aprendizado. Um advogado com essa mentalidade valoriza o *feedback* construtivo, vê as críticas como oportunidades para aprimoramento e está sempre em busca de novas estratégias para fortalecer sua prática.

Isso é particularmente relevante em situações de litígio ou negociações complexas, em que as soluções não são óbvias e o caminho para o sucesso requer uma análise crítica e adaptativa. A prontidão para se adaptar e mudar de táticas pode ser a diferença entre vencer ou perder um caso, ou entre manter ou perder um cliente importante.

Além disso, a mentalidade de crescimento incentiva a colaboração e o compartilhamento de conhecimento entre colegas dentro de um escritório de advocacia. Advogados que cultivam essa mentalidade estão mais abertos a trabalhar em equipe e aprender uns com os outros, em vez de competir de maneira contraproducente. Esse ambiente colaborativo aumenta a eficiência e a inovação dentro da equipe e contribui para um clima organizacional mais saudável e sustentável.

Em última análise, escritórios de advocacia que promovem a mentalidade de crescimento entre seus membros podem esperar melhor desempenho individual, além de vantagens competitivas significativas no mercado.

A incorporação do pensamento positivo na advocacia não é apenas uma estratégia para melhorar o bem-estar individual, mas uma transformação cultural necessária para enfrentar as demandas contemporâneas do ambiente de trabalho. Advogados e escritórios jurídicos que adotam essa abordagem melhoram seu ambiente de trabalho, bem como se posicionam como líderes inovadores em um setor tradicionalmente desafiador.

História inspiradora

Acompanhei de perto essa história e quero compartilhar com você: em um escritório de advocacia movimentado essa história e no coração de São Paulo, trabalhava João, um advogado dedicado, mas frequentemente sobrecarregado pela ansiedade e pelo pessimismo. Ele estava sempre preocupado com os prazos, as expectativas dos clientes e o medo constante de falhar. Seu pensamento negativo começou a afetar não apenas seu desempenho profissional, mas também sua saúde mental e relações pessoais.

A mudança para João começou quando ele participou de uma palestra sobre pensamento positivo e *mindfulness*, realizada no escritório. Inicialmente cético, ele começou a aplicar algumas das estratégias sugeridas, como dedicar alguns minutos pela manhã para refletir sobre suas intenções para o dia e listar mentalmente três coisas pelas quais ele era grato em sua carreira.

Essa pequena mudança na rotina matinal de João trouxe um efeito surpreendente. Ele começou a notar mais momentos positivos em seu dia, como um cliente agradecendo seu trabalho ou uma solução criativa que encontrou para um caso desafiador. Essas pequenas vitórias, antes ofuscadas por sua mentalidade negativa, agora estavam em primeiro plano, oferecendo-lhe doses diárias de confiança e satisfação.

Com o tempo, João percebeu que sua abordagem ao trabalho estava mudando. Ele se sentia menos ansioso durante reuniões com clientes e mais focado ao trabalhar em casos complexos. Sua nova mentalidade positiva o ajudou a se comunicar melhor com sua equipe e a abordar desafios com uma atitude mais proativa e solucionadora.

A transformação de João não passou despercebida. Seus colegas começaram a procurá-lo para conselhos, e sua liderança foi reconhecida pelos superiores. Assim, foi promovido a uma posição de maior responsabilidade, em que ele pode usar sua experiência para influenciar positivamente a cultura do escritório.

A história de João é um exemplo poderoso de como a adoção do pensamento positivo pode transformar não apenas o indivíduo, mas também o ambiente ao seu redor. Ele demonstra que, mesmo em uma profissão tão exigente quanto a advocacia, a mentalidade com a qual abordamos nosso trabalho pode fazer uma diferença significativa em nosso sucesso e bem-estar.

5.2 Estratégias para desenvolver uma mentalidade positiva

Desenvolver uma mentalidade positiva é fundamental para os advogados, dada a natureza desafiadora e muitas vezes estressante de sua profissão. Incorporar práticas como meditação, manutenção de um diário de gratidão e visualização positiva pode fornecer uma base sólida para enfrentar esses desafios com maior equilíbrio e resiliência. Aqui estão algumas maneiras pelas quais essas técnicas podem ser adaptadas à rotina diária de um advogado:

A. Meditação

A prática da meditação ajuda a centrar a mente e a reduzir o estresse, algo essencial para os advogados que frequentemente lidam com prazos apertados e casos complexos. Iniciar o dia com uma sessão curta de meditação pode ajudar a estabelecer um estado de calma e clareza mental. Além disso, pausas breves para meditação ao longo do dia podem ajudar a recarregar as energias e manter o foco e a concentração.

Aplicação prática: um advogado pode começar o dia com uma sessão de meditação de 10 a 15 minutos. Por exemplo, antes de preparar um caso ou entrar em uma negociação, alguns minutos de meditação focada na respiração podem ajudar a reduzir a ansiedade e melhorar o foco.

Benefícios: estudos mostram que a meditação regular pode diminuir o estresse, melhorar a concentração e até aumentar a empatia, habilidades essenciais para a prática jurídica eficaz.

B. Diário da gratidão

Manter um diário da gratidão ajuda a cultivar uma perspectiva mais positiva e agradecida, o que pode ser especialmente benéfico em uma profissão que muitas vezes se depara com negatividade e conflito. Escrever sobre momentos ou coisas pelas quais se é grato no início ou no fim do dia pode reforçar os aspectos positivos da vida e do trabalho, promovendo um maior bem-estar emocional e reduzindo os sentimentos de *burnout*.

Aplicação prática: reserve um momento para escrever no diário de gratidão. Pode ser algo simples como agradecer por uma reunião produtiva, uma interação positiva com um cliente ou até mesmo o progresso em um caso difícil.

Benefícios: manter um diário de gratidão ajuda a cultivar uma perspectiva mais positiva e resiliente. Isso é especialmente importante em uma profissão na qual os desafios e as pressões são frequentes. Pesquisas indicam que a prática regular da gratidão está associada a uma maior satisfação com a vida e a um melhor bem-estar mental.

C. Visualização positiva

Esta técnica envolve visualizar-se alcançando sucesso e superando desafios de forma eficaz. A visualização funciona como um exercício mental que consiste em se projetar em cenários específicos, desempenhando ações ou alcançando resultados específicos. Esse processo pode ser realizado por meio de diversas técnicas, incluindo o uso de afirmações positivas, imagens mentais dirigidas ou diálogo interno. Para aprimorar a experiência de visualização e torná-la mais envolvente e realista, pode-se incorporar diferentes sentidos, como visual, auditivo, tátil, olfativo e gustativo.

Para um advogado, isso pode significar visualizar-se conduzindo uma negociação com sucesso ou apresentando argumentos convincentes em tribunal. A visualização positiva antes de eventos importantes pode aumentar a confiança e reduzir a ansiedade, preparando mentalmente o advogado para atuar de maneira otimizada.

Aplicação prática: antes de uma audiência importante ou reunião com um cliente, o advogado pode praticar visualização positiva. Isso envolve fechar os olhos por alguns minutos e imaginar e sentir vividamente um resultado bem-sucedido – como apresentar argumentos de forma convincente ou alcançar um acordo favorável.

Benefícios: a visualização positiva pode aumentar a confiança e reduzir a ansiedade. Ela prepara mentalmente o advogado para o sucesso, alinhando sua mentalidade com os resultados desejados. Estudos[32] em psicologia do esporte mostram que a visualização melhora o desempenho em atletas, e esses benefícios também podem ser transpostos para contextos profissionais como o direito.

Ao adotarem essas técnicas regularmente, os advogados podem desenvolver um *mindset* mais positivo e resiliente, o que não só melhora sua eficácia profissional, mas também contribui significativamente para sua qualidade de vida. Essas práticas oferecem um refúgio contra o estresse diário e permitem uma recuperação mental que é vital na sustentação de uma carreira longa e frutífera na advocacia. Além disso, o cultivo de um ambiente mental positivo pode facilitar melhores relações com clientes e colegas, fundamentais para o sucesso na área jurídica.

5.3 Neurociência, mentalidade positiva e advocacia

A neurociência, ao estudar as profundezas do cérebro humano, oferece uma perspectiva revolucionária sobre o poder do pensamento positivo, particularmente por meio do conceito de neuroplasticidade. Este fenômeno, uma das descobertas mais importantes das últimas décadas, refere-se à capacidade do cérebro de se reorganizar e formar novas conexões neurais em resposta a experiências e aprendizados. Em outras palavras, nosso cérebro não é uma entidade fixa, mas sim uma obra em constante evolução, moldada por nossos pensamentos, ações e experiências.

Para os profissionais da advocacia, compreender a neuroplasticidade pode ser transformador. O dia a dia na advocacia é muitas vezes marcado por estresse elevado, tomadas de decisão complexas e a necessidade de resiliência emocional. Em meio a esses desafios, cultivar uma mentalidade positiva não é apenas benéfico, mas essencial. Pensamentos e emoções positivas podem literalmente alterar a estrutura e função do cérebro, promovendo maior bem-estar e capacidade de enfrentamento.

Estudos[33] em neurociência têm demonstrado que práticas regulares de pensamento positivo, como a meditação e o cultivo da gratidão, podem fortalecer áreas do cérebro associadas ao controle emocional e à atenção. Por exemplo, a prática da meditação *mindfulness* foi mostrada em diversos estudos para aumentar a densidade da massa cinzenta na região do córtex pré-frontal, que é fundamental para funções como planejamento e controle emocional.

No contexto da advocacia, aplicar esses conhecimentos significa adotar estratégias que reforcem a habilidade técnica, a saúde mental e a estabilidade emocional. Por exemplo, a prática regular de técnicas de relaxamento e visualização positiva pode ajudar os advogados a manterem-se calmos e focados, mesmo sob pressão. Essas práticas, ao promoverem um estado mental positivo, não só aumentam a capacidade de lidar com situações adversas, mas também potencializam a criatividade e a solução de problemas.

Outra implicação importante da neuroplasticidade para os advogados é a habilidade de formar e reforçar hábitos positivos. O cérebro humano tende a fortalecer as conexões neurais que são usadas mais frequentemente. Barbara Fredrickson[34] é conhecida pela teoria *broaden-and-build* sobre emoções positivas. Essa teoria propõe que as emoções positivas expandem a consciência e o repertório de pensamentos e ações das pessoas, levando ao desenvolvimento de recursos pessoais duradouros, como habilidades sociais, físicas e intelectuais.

Além disso, essa teoria destaca como as emoções positivas são cruciais para o florescimento e bem-estar humano ao longo do tempo. Ela realizou vários estudos mostrando como emoções positivas podem expandir a percepção e abrir o indivíduo para novas experiências e habilidades.

Assim, ao fazer escolhas conscientes para focar pensamentos positivos e construtivos, os advogados podem, ao longo do tempo, alterar a configuração-padrão de seus cérebros para uma que favorece o otimismo e a resiliência.

A neurociência também nos ensina que a interação social positiva é essencial para nosso bem-estar psicológico e para a função cerebral saudável. No ambiente altamente competitivo da advocacia, promover um espaço de trabalho colaborativo e de suporte pode melhorar o bem-estar individual e elevar o desempenho do grupo. Práticas como reconhecimento dos esforços dos colegas, celebração de pequenas vitórias e uma comunicação aberta e positiva podem ajudar a estabelecer uma cultura de positividade e suporte mútuo.

Em suma, a incorporação de uma mentalidade positiva na prática jurídica, embasada pelos avanços da neurociência, é mais do que uma opção – é uma necessidade estratégica. Ao fazerem isso, os advogados melhoram sua própria qualidade de vida e modelam uma prática jurídica que é tanto humana quanto eficaz, equipada para enfrentar os desafios do século XXI com resiliência e uma perspectiva positiva.

5.4 A importância de comemorar vitórias, grandes e pequenas

No dinâmico mundo da advocacia, em que desafios são frequentes e as pressões são altas, é fundamental não apenas perseguir sucessos, mas também reconhecer e celebrar cada vitória, seja ela grande ou pequena. Comemorar realizações não só fortalece o moral, como também reafirma o propósito e a paixão pela profissão. Cada sucesso, quando celebrado, transforma-se em um marco que incentiva o crescimento contínuo e a resiliência.

Quero compartilhar com você, algumas histórias inspiradoras de profissionais do direito que cruzaram meu caminho, seja trabalhando lado a lado, seja compartilhando a sala de aula comigo. Essas pessoas que admirei e admiro, aprenderam a importância de valorizar cada passo conquistado, ilustrando como pequenos gestos de reconhecimento podem levar a grandes transformações na carreira e na vida pessoal.

Marcelo, já na casa dos cinquenta anos, não era o estagiário convencional na multinacional em que trabalhávamos. Apesar de sua idade e origem humilde, ele tinha uma sede insaciável de triunfar na vida jurídica. Trabalhávamos lado a lado, e a habilidade de Marcelo com o transporte público de São Paulo, aprimorada durante seus anos como paralegal encarregado dos procedimentos externos, era excepcional. Sua profunda familiaridade com cada rota e conexão tornava seu trabalho não apenas rápido, mas extraordinariamente eficiente, estabelecendo um padrão de desempenho que raramente eu havia presenciado antes.

Durante um período particularmente desafiador com a documentação societária, Marcelo demonstrou sua habilidade prática e um pensamento inovador impressionante. Diante de um impasse que ameaçava atrasar a finalização de um documento empresarial importante, foi ele quem propôs uma abordagem inédita. Sua solução não apenas resolveu o impasse, como também acelerou todo o processo, garantindo a conclusão eficaz do projeto. A perspicácia e a proatividade de Marcelo fortaleceram nossa equipe, além de lhe render um reconhecimento merecido dentro da empresa, reforçando a confiança em suas próprias capacidades jurídicas e estabelecendo-o como um exemplo vibrante de que nunca é tarde para deixar sua marca.

Nosso diretor na época fez questão de celebrar sua contribuição de maneira especial. Organizamos um pequeno evento na própria empresa, com a presença de toda a equipe envolvida no projeto. Esse momento de reconhecimento não foi apenas uma forma de agradecer ao Marcelo pelo seu trabalho exemplar, mas também serviu para reforçar a cultura de valorização de cada vitória na organização, grande ou pequena.

Todos aplaudiram quando seu nome foi anunciado, e ele foi chamado para frente, tendo recebido um certificado de reconhecimento. A alegria e o orgulho estampados no rosto de Marcelo eram evidentes. Ele compartilhou algumas palavras, expressando sua gratidão pela oportunidade de contribuir significativamente. Esse momento elevou o espírito de Marcelo, bem como motivou toda a equipe, relembrando a todos que cada esforço conta e cada sucesso, por menor que seja, deve ser celebrado. Esse ato de comemoração reafirmou o valor das conquistas individuais e coletivas, injetando uma dose extra de entusiasmo e união entre os colegas.

Bruna, uma jovem advogada que saiu do interior para tentar a vida na capital paulista, vivenciou uma jornada marcante de crescimento profissional. Após dois anos como estagiária, foi efetivada como assistente jurídica, um marco significativo em sua carreira, refletindo sua dedicação e talento. Em um desafio particularmente complicado, Bruna se destacou em um caso de inventário envolvendo bens de valores astronômicos.

Numa fase crítica do processo, a necessidade urgente de vender um dos bens exigia a obtenção de um alvará judicial. Após várias tentativas frustradas por parte de membros seniores do escritório, incluindo sócios e advogados experientes, a tarefa recaiu sobre Bruna e um jovem advogado. No fórum, após uma primeira tentativa malsucedida do advogado, Bruna, com seu espírito inabalável e perspectiva otimista, o encorajou a não desistir e a detalhar melhor a urgência da situação ao juiz. Inspirado pela resiliência e suporte de Bruna, o advogado retornou e, desta vez, conseguiu a liberação do alvará.

O sucesso da missão foi um momento de celebração não apenas para eles, mas para todo o escritório. O advogado, ao relatar o feito por e-mail, fez questão de atribuir o sucesso à inspiração e ao encorajamento de Bruna. Esse evento destacou a importância da persistência e do apoio mútuo e celebrou a influência positiva que uma atitude encorajadora pode ter sobre os resultados.

Essa história ressalta como os gestos de apoio e positividade podem transformar desafios em vitórias compartilhadas. Reforça a crença de que a energia que emitimos é refletida de volta para nós e que um ambiente de trabalho acolhedor e seguro é fundamental para fomentar a criatividade e a confiança. A trajetória de Bruna demonstra como pequenas atitudes diárias e um espírito colaborativo podem ser decisivos, e como a celebração de cada pequena vitória fortalece a equipe e impulsiona todos a avançar.

Reconhecer e celebrar cada sucesso, não importa o tamanho, é fundamental para construir confiança e motivação, especialmente em campos exigentes como a advocacia. Essa prática reforça a autoestima e a autopercepção positiva, além de servir como um catalisador para um maior engajamento e persistência diante dos desafios. Em um ambiente tão competitivo e estressante quanto o jurídico, em que as pressões podem ser esmagadoras, tais celebrações funcionam como um oásis revitalizante que alimenta tanto o espírito quanto a mente.

A. Reforço positivo

Celebrar sucessos funciona como um potente reforço positivo. Essa ideia se baseia nos princípios do condicionamento operante, sugerindo que comportamentos que são seguidos por recompensas tendem a ser reforçados e repetidos. Quando um advogado celebra uma vitória, está não apenas reconhecendo o mérito do momento, mas também estabelecendo um padrão de resposta emocional e comportamental que encoraja a repetição daquele comportamento bem-sucedido.

B. Aumento da confiança

Cada conquista, por menor que seja, contribui significativamente para o desenvolvimento do autoconceito e da confiança profissional. Para os advogados, cuja assertividade e autoconfiança são frequentemente testadas, sentir-se capacitado por suas próprias conquistas é essencial. Isso fornece um sólido alicerce psicológico que sustenta a resiliência diante dos inúmeros desafios da profissão.

C. Melhoria do bem-estar mental

A celebração de sucessos não apenas impulsiona a felicidade profissional, mas também serve como um antídoto contra o estresse e o potencial esgotamento. Ao enfocarem os sucessos, os advogados podem equilibrar suas percepções sobre o trabalho, evitando a armadilha de verem somente as dificuldades ou as derrotas.

D. Motivação incrementada

Celebrar os próprios sucessos desperta uma energia renovada e uma disposição para enfrentar novos desafios. Isso incita os advogados a definirem e buscarem metas ainda mais ambiciosas, alimentando um ciclo contínuo de realização e satisfação.

Implementando o reconhecimento de sucessos na advocacia

- **Registro de conquistas:** manter um diário de sucessos é crucial. Documentar tanto as grandes vitórias quanto as pequenas permite que os advogados visualizem seu progresso e reflitam sobre seu crescimento ao longo do tempo.
- **Compartilhamento com a equipe:** a celebração de sucessos deve ser um evento compartilhado. Reconhecer as conquistas em reuniões de equipe eleva o indivíduo e fortalece o espírito de equipe e a moral coletiva.
- **Estabelecimento de rituais de celebração:** criar rituais específicos para celebrar grandes vitórias, como uma vitória em um caso difícil ou a aquisição de um novo cliente importante, pode ser extremamente gratificante. Isso pode incluir desde um jantar de equipe até pequenas festas no escritório.
- **Recompensas pessoais:** é importante que os advogados se presenteiem por metas alcançadas, talvez com uma tarde livre ou um tratamento de spa, reconhecendo o esforço pessoal despendido.

Essas práticas, quando bem integradas à rotina de um advogado, aumentam a satisfação profissional e pessoal, bem como fortalecem a resiliência emocional necessária para prosperar na advocacia. Celebrar cada passo da jornada é essencial para uma carreira longa e gratificante no direito.

5.5 Práticas de gratidão na vida profissional

Gratidão no ambiente de trabalho é um aspecto que começou a receber atenção significativa da comunidade científica apenas nos últimos anos, desde o final dos anos 1990. A pesquisa tem demonstrado consistentemente seus benefícios para a saúde, felicidade e relacionamentos interpessoais. Esses benefícios são particularmente valorizados no contexto profissional, tornando a gratidão uma habilidade essencial para a promoção da felicidade no trabalho.

Robert Emmons[35], um dos principais especialistas científicos em gratidão e professor de psicologia na Universidade da Califórnia, define gratidão como um reconhecimento das coisas boas em nossas vidas, que frequentemente podem ser tomadas como garantidas. A gratidão também envolve o reconhecimento de que as fontes dessa bondade muitas vezes vêm de fora de nós mesmos, geralmente de ações de outras pessoas. Quando expressamos gratidão, reconhecemos a intenção e o esforço despendidos em nosso favor e valorizamos os benefícios recebidos.

Entre os vários benefícios documentados da gratidão, alguns destacam sua relevância e importância para a felicidade no trabalho:

- **Motivação:** a gratidão é motivadora, tanto para a pessoa que se sente grata quanto para a pessoa agradecida. Estudos mostram que pessoas mais gratas dedicam mais esforço ao progresso em direção aos objetivos, exercitam-se mais, têm melhores notas e alcançam maior sucesso profissional.
- **Fortalecimento de relacionamentos:** a gratidão fortalece relacionamentos ao nos fazer sentir mais conectados e com um propósito comum com outras pessoas. Esse aspecto é essencial em ambientes de trabalho, nos quais boas relações podem determinar o sucesso do clima organizacional.

- **Resiliência organizacional:** a gratidão pode ajudar as organizações a enfrentarem períodos economicamente turbulentos. Por exemplo, após os ataques de 11 de setembro, as companhias aéreas que evitaram demissões e trataram seus funcionários com respeito se recuperaram mais rapidamente, demonstrando como a gratidão pode contribuir para a resiliência organizacional.
- **Redução de estresse e prevenção de *burnout*:** manter um diário de gratidão, por exemplo, foi associado à redução de estresse e menor vulnerabilidade ao esgotamento profissional entre profissionais de saúde.

Em um relato detalhado por Kira M. Newman na revista Greater Good Magazine[36], é explorada a implantação prática da gratidão em ambientes corporativos, desde pequenas ONGs até grandes multinacionais. Newman descreve como a gratidão transforma culturas corporativas ao fortalecer relações e incentivar uma atuação positiva no trabalho. Stephanie Pollack, uma consultora citada no artigo, exemplifica isso com sua experiência ao liderar um retiro de três dias para uma ONG. Ela introduziu práticas de gratidão que resultaram em uma melhora significativa no moral e na abertura emocional entre os funcionários, destacando como a gratidão pode facilitar conexões autênticas e superar tensões.

A gratidão, além de fortalecer relações interpessoais, serve como um potente motivador intrínseco, conforme revelado em estudos que relacionam a expressão de gratidão com um desempenho superior no trabalho. Por exemplo, uma pesquisa conduzida por Dan Ariely[37], professor da Universidade Duke, encontrou que os agradecimentos pessoais podem ser mais eficazes que bônus materiais, como dinheiro ou cupons, na manutenção da produtividade. Outro estudo de Adam Grant[38], professor da Wharton School, demonstrou que agradecimentos pessoais de lideranças podem incentivar funcionários a realizar mais ligações em campanhas de arrecadação.

A aplicação prática desses conhecimentos no campo jurídico sugere que advogados podem beneficiar-se ao integrar práticas de gratidão em suas rotinas. Isso pode envolver desde agradecimentos simples e diários até a implementação de iniciativas mais estruturadas de gratidão, como paredes de gratidão ou jardins de reflexão. Essas práticas não apenas melhoram o bem-estar individual dos advogados, mas também promovem um ambiente de trabalho mais positivo e coeso, essencial para a produtividade e satisfação profissional.

Portanto, cultivar e expressar gratidão no ambiente de trabalho não é apenas uma questão de cortesia, mas uma estratégia comprovada para melhorar o bem-estar pessoal e profissional, a motivação e a coesão da equipe. No contexto da advocacia, em que os desafios são constantes e o estresse é frequente, a gratidão pode ser um poderoso antídoto, contribuindo para uma prática jurídica mais humana e eficaz.

Capítulo 6

ADVOGADO INTERPESSOAL: MELHORANDO AS RELAÇÕES DE TRABALHO

Quando penso na essência da prática jurídica, não posso deixar de refletir sobre a interação humana que permeia cada aspecto desse campo. A prática de *mindfulness* ou atenção ao momento presente, pode revolucionar as relações interpessoais no ambiente jurídico, transformando como advogados interagem uns com os outros e como percebem e se envolvem com seu próprio trabalho. Inspirado pelas ideias de Javier García Campayo[39], vamos mergulhar nos conceitos de *mindfulness* no modo ser e fazer, e como uma atitude correta de *mindfulness* pode enriquecer as relações pessoais dentro e fora do escritório de advocacia.

    A prática de *mindfulness*, uma habilidade vital na rotina de qualquer profissional, assume um papel crucial na advocacia, um campo no qual as pressões e tensões são constantes. *Mindfulness* não é apenas uma técnica de meditação, mas uma ampla gama de práticas que ajudam a manter a mente focada e serena, permitindo uma vivência plena do presente. Esse estado da mente, como detalhado por Campayo, é essencial para a saúde mental e o bem-estar geral, algo determinante para advogados que frequentemente enfrentam altos níveis de estresse.

O conceito de *mindfulness* envolve dois modos fundamentais: o "modo ser" e o "modo fazer". No ambiente jurídico, o "modo fazer" é na maioria das vezes o dominante, com foco em alcançar resultados e resolver problemas. No entanto, o "modo ser", que enfatiza simplesmente estar presente e consciente sem um objetivo imediato, pode ser transformador. Esse modo permite aos advogados experienciar suas tarefas diárias sem a pressão constante de ter que alcançar algo, reduzindo significativamente o estresse e aumentando a satisfação com o trabalho.

A transição do "modo fazer" para o "modo ser" em práticas de *mindfulness* não é apenas benéfica, mas necessária para o desenvolvimento de relações interpessoais saudáveis no trabalho. Ao praticarem *mindfulness*, advogados podem aprender a abordar cada interação com colegas, clientes e até adversários com uma mente mais aberta e menos reativa. Isso promove uma comunicação mais eficaz e compreensiva, essencial para a negociação e mediação.

A atitude correta em *mindfulness*, conforme descrito por Campayo, é fundamental para sua prática efetiva. Essas atitudes incluem não julgar, ter paciência, manter uma mente de principiante, desenvolver confiança, aceitar e deixar ir. Cada uma dessas qualidades é vital para moldar como os advogados interagem em seu ambiente de trabalho. Por exemplo, ao não julgar, advogados podem receber informações de clientes e colegas sem preconceitos, o que é primordial para a análise legal eficaz e para a promoção de um ambiente de trabalho inclusivo e respeitoso.

A aceitação é outro componente-chave do *mindfulness* que pode transformar as relações de trabalho. Em um campo no qual as expectativas e a pressão são altas, aprender a aceitar situações sem tentar mudá-las imediatamente pode ajudar advogados a lidar melhor com a adversidade e a incerteza. Isso não implica passividade, mas sim uma abertura para experienciar a realidade como ela é, o que pode levar a soluções mais criativas e eficazes para problemas legais complexos.

Uma das atitudes que pessoalmente mais me atrai é manter a mente de principiante. Tenho mantido o hábito de fomentar uma atenção curiosa a cada consulta, a cada processo mesmo que eu já tenha visto aquela situação outras centenas de vezes. É como se eu estivesse observando algo pela primeira vez. No dia a dia essa atitude me ajuda a exercitar a atenção ao momento presente.

No contexto do direito é adotar uma abordagem sempre fresca e curiosa a cada caso, independentemente de quantos anos de experiência o advogado possa ter. Esse conceito, derivado do *mindfulness*, incentiva os profissionais a ver cada situação como única, permitindo uma análise mais profunda e menos viesada das circunstâncias.

Imagine um advogado experiente que frequentemente lida com casos de direito de família. Apesar de já ter visto centenas de disputas de guarda, ele se esforça para manter uma mente de principiante em cada novo caso. Em vez de presumir que todos os casos de disputa de guarda são iguais ou deixar que suas experiências passadas nublem seu julgamento, ele aborda cada caso como se fosse o primeiro. Isso envolve praticar a escuta atentamente as preocupações e expectativas de cada cliente, avaliando os detalhes do caso com uma nova perspectiva e buscando soluções criativas e personalizadas.

Essa abordagem aumenta a eficácia na resolução de problemas e fortalece a relação com o cliente. Eles sentem que suas preocupações são genuinamente ouvidas e valorizadas, o que pode ser crucial em áreas tão sensíveis quanto o direito de família. Além disso, manter uma mente de principiante ajuda o advogado a permanecer engajado e motivado, transformando a rotina diária em uma série de descobertas e aprendizados contínuos.

Além disso, o *mindfulness* ajuda na regulação emocional, permitindo que advogados mantenham a calma em situações de alta pressão. Isso é especialmente importante em audiências e negociações, em que o controle emocional pode influenciar de modo significativo o resultado. A prática de *mindfulness* não só reduz a reatividade emocional, mas também aprimora a capacidade de responder a desafios de maneira mais assertiva e menos impulsiva.

Para integrar efetivamente o *mindfulness* no ambiente jurídico, é essencial que as lideranças advoguem por sua prática. Isso pode ser feito por meio da incorporação de sessões de *mindfulness* nos treinamentos regulares e oferecendo recursos para a prática contínua, como salas de meditação e *workshops* periódicos. Reconhecer e recompensar a prática de *mindfulness* também pode incentivar advogados a adotarem essas técnicas como parte de seu desenvolvimento profissional contínuo.

O *mindfulness* interpessoal é uma abordagem que expande a prática meditativa tradicional, focando na autorreflexão individual e nas interações e relações humanas. Essa prática é baseada na ideia de que seres humanos são essencialmente sociais e que as relações interpessoais são fundamentais para nosso bem-estar. Diferente da meditação tradicional, que pode inadvertidamente enfatizar um senso de isolamento, o *mindfulness* interpessoal engaja diretamente com as dinâmicas de grupo e a comunicação entre pessoas.

As técnicas de *mindfulness* interpessoal, como destacado por Gregory Kramer[40] e outros estudiosos, incluem práticas tanto formais quanto informais que são adaptadas para integrar interações interpessoais. Por exemplo, o Insight Dialogue (ID) é uma prática que transforma a meditação individual em uma atividade interativa, em que os participantes meditam em pares ou grupos, discutindo temas profundos e utilizando pausas meditativas para aprofundar a compreensão e a conexão entre os indivíduos. Essa prática ajuda a desenvolver várias habilidades essenciais para relações saudáveis, como a escuta atenta, a expressão sincera e a regulação emocional em situações sociais.

A neurobiologia interpessoal, um termo cunhado por Daniel Siegel[41], estuda como as interações sociais afetam o cérebro. Pesquisas nessa área mostram que a prática de *mindfulness* pode influenciar diretamente o córtex pré-frontal, uma área do cérebro envolvida com a empatia, tomada de decisão e a regulação emocional. Isso sugere que o *mindfulness* interpessoal não só melhora nossa habilidade de interagir com os outros, mas também modula nossas respostas emocionais e comportamentais de maneiras que promovem maior saúde mental e relacionamentos mais ricos.

A aplicação dessas práticas no ambiente de trabalho, especialmente em campos estressantes como a advocacia, pode oferecer ferramentas valiosas para advogados. Ao integrarem o *mindfulness* interpessoal no dia a dia profissional, os advogados podem melhorar suas habilidades de comunicação, aumentar a empatia com clientes e colegas e desenvolver uma abordagem mais consciente e compassiva na prática jurídica. Esse tipo de treinamento ajuda na gestão do estresse, fortalece a colaboração e o suporte mútuo dentro de equipes jurídicas, levando a um ambiente de trabalho mais positivo e produtivo.

6.1 A realidade dos conflitos no ambiente de trabalho jurídico

A realidade dos conflitos no ambiente de trabalho jurídico é uma constante, dada a natureza intrinsecamente desafiadora e muitas vezes contenciosa da profissão. Advogados, por natureza de seu trabalho, muitas vezes se encontram em posições nas quais têm que negociar, defender e às vezes confrontar interesses opostos, tanto externamente quanto dentro de suas próprias equipes ou escritórios. Isso pode criar um terreno fértil para conflitos, que, se não gerenciados adequadamente, podem afetar de forma negativa o clima organizacional e a produtividade.

Primeiramente, é essencial reconhecer que conflitos em escritórios de advocacia não são apenas inevitáveis, mas também necessários. Eles podem surgir de diferenças de opiniões em estratégias de casos, desacordos sobre a alocação de recursos ou mesmo de estilos pessoais de comunicação. Embora desafiadores, esses conflitos têm o potencial de fomentar um diálogo robusto e inovação, desde que sejam abordados com uma mentalidade construtiva.

Uma das principais ferramentas para lidar com conflitos no ambiente jurídico é o desenvolvimento da comunicação eficaz. Advogados treinados em *mindfulness* interpessoal podem aplicar habilidades de escuta ativa e falar com autenticidade para facilitar a compreensão mútua e diminuir as tensões. A capacidade de se manter presente e atento durante as interações pode ajudar a perceber o conteúdo explícito da comunicação, as subtilezas que indicam as preocupações e necessidades subjacentes dos colegas.

Além disso, a prática de *mindfulness* interpessoal incentiva a abordagem de conflitos com uma mente aberta e sem julgamentos precipitados. Isso permite que os advogados abordem cada situação de conflito como única, evitando que experiências passadas distorçam injustamente a percepção atual dos eventos. Tal abordagem pode desarmar a defensividade e promover um ambiente em que soluções inovadoras são mais facilmente encontradas.

A gestão de conflitos também é significativamente melhorada quando os profissionais adotam uma postura de curiosidade. Interessar-se genuinamente pelas perspectivas dos outros, tentar entender suas motivações e sentimentos, pode transformar conflitos de obstáculos em oportunidades para aprendizado e desenvolvimento pessoal e coletivo.

No entanto, é fundamental que a gestão de conflitos no ambiente jurídico seja apoiada por uma cultura organizacional que valorize a transparência e o respeito mútuo. Políticas claras e acessíveis para a resolução de conflitos e a disponibilidade de recursos como mediação e aconselhamento podem ajudar a assegurar que todos no escritório se sintam apoiados e compreendidos.

A implementação de treinamentos regulares em habilidades interpessoais e em *mindfulness* pode também ser uma estratégia eficaz. Esses programas ajudam a construir um repertório de técnicas para lidar com estresse, conflitos e comunicação difícil, fortalecendo as equipes e preparando-as melhor para lidar com as inevitáveis tensões do dia a dia.

Finalmente, é essencial que os líderes em escritórios de advocacia demonstrem por meio de suas ações e decisões que a saúde mental e o bem-estar dos colaboradores são uma prioridade. Líderes que praticam e promovem *mindfulness* e gestão eficaz de conflitos não apenas criam um ambiente de trabalho mais harmonioso, mas também inspiram sua equipe a adotar essas práticas.

Ao integrarem conscientemente a prática de *mindfulness* interpessoal na gestão de conflitos, escritórios de advocacia podem melhorar o ambiente de trabalho, a eficácia e a satisfação de sua equipe, transformando desafios em oportunidades para crescimento e desenvolvimento.

6.2 Como a comunicação assertiva e eficaz pode prevenir e resolver conflitos

O estado de presença tem sido correlacionado com uma comunicação aprimorada durante interações, como demonstrado por Wachs e Cordova[42]. Eles identificaram que um melhor relacionamento conjugal por meio do *mindfulness* estava associado a um aumento no repertório emocional, especialmente na habilidade de identificar, comunicar emoções e regular a expressão da raiva. Isso sugere uma aplicabilidade direta do *mindfulness* na melhoria das relações interpessoais ao facilitar uma comunicação mais eficaz e um gerenciamento emocional mais eficiente.

Além disso, estudos de imagem por tensor de difusão revelam que práticas regulares de *mindfulness* e atenção ao momento presente, podem induzir mudanças microestruturais na substância branca do cérebro, implicando melhorias na organização dos circuitos cerebrais que estão continuamente adaptando-se com base em experiências e aprendizado. Pesquisadores[43] descobriram que meditadores mostram uma conectividade estrutural mais pronunciada em várias vias cerebrais importantes quando comparados a controles não meditadores, sugerindo uma comunicação neural aprimorada.

Pesquisas adicionais[44] também demonstram que um breve período de treinamento em técnicas que integram mente e corpo pode melhorar significativamente a organização das fibras nervosas em áreas do cérebro responsáveis pela comunicação neural. Tais descobertas, embora controversas, indicam que até mesmo períodos curtos de prática de *mindfulness* podem ter efeitos profundos na estrutura cerebral.

Essas alterações neurobiológicas são consideradas fundamentais para a melhoria das funções cognitivas sociais, que incluem a empatia, o reconhecimento emocional e a capacidade de responder adequadamente nas interações sociais. O desenvolvimento dessas habilidades é crucial, em especial nos contextos que exigem alta interação social e comunicação, como no ambiente jurídico.

A prática de *mindfulness* interpessoal durante o processo da comunicação, ao fomentar uma maior atenção e consciência durante as interações, facilita uma comunicação mais clara e presente. Isso é muito relevante em situações de estresse ou conflito, em que a resposta típica pode ser reativa. Em vez disso, o *mindfulness* encoraja uma resposta mais refletida e assertiva, alinhada com uma compreensão mais profunda das próprias emoções e das dos outros.

A prática do *mindfulness* tem mostrado ser uma ferramenta valiosa na transformação da comunicação dentro de ambientes profissionais altamente estressantes, como é o caso da advocacia. Ao aplicarem princípios de *mindfulness* na comunicação, os advogados podem prevenir e resolver conflitos de maneira mais eficaz, cultivando um ambiente de trabalho mais colaborativo e menos contencioso.

Estudos têm demonstrado que o *mindfulness* afeta positivamente a capacidade de comunicação ao melhorar a atenção e a clareza mental, permitindo uma escuta mais atenta e uma resposta mais assertiva. Por exemplo, a prática regular de *mindfulness* pode aumentar a regulação emocional, permitindo que profissionais de direito respondam a situações potencialmente voláteis com maior equilíbrio e menos reatividade.

- **Mindfulness e redução de conflitos:** a capacidade de permanecer presente e consciente durante as interações pode diminuir significativamente a incidência de mal-entendidos e conflitos. Ao estarem mais conscientes de suas próprias emoções e pensamentos, os advogados são capazes de escolher respostas que promovam entendimento mútuo em vez de escalada de tensões.
- **Aumento da empatia por meio da presença:** a escuta ativa por meio das relações encoraja uma maior empatia, o que é fundamental na comunicação assertiva. Compreender e respeitar as perspectivas dos outros, mesmo quando divergem das próprias, pode ajudar a evitar conflitos e facilitar soluções consensuais que respeitem os interesses de todas as partes envolvidas.
- **Assertividade *versus* agressividade:** a prática de *mindfulness* ajuda a distinguir entre ser assertivo e ser agressivo. Ser assertivo significa expressar claramente as próprias necessidades e limites de forma respeitosa e sem agressividade, o que é necessário para a manutenção de relações profissionais saudáveis.
- **Comunicação não verbal:** o estado de presença também aprimora a consciência sobre a comunicação não verbal. A capacidade de ler e responder adequadamente aos sinais não verbais pode ser tão importante quanto a comunicação verbal na prevenção e resolução de conflitos.

- **Desenvolvimento de habilidades comunicativas:** programas de treinamento em *mindfulness* específicos para profissionais do direito podem focar o desenvolvimento de habilidades comunicativas, ensinando técnicas para manejar stress e reatividade, o que diretamente melhora a qualidade da comunicação no trabalho.
- **Feedback construtivo:** a prática do *mindfulness* facilita a entrega e recepção de *feedback* de maneira construtiva. Advogados treinados em *mindfulness* são mais capazes de fornecer *feedback* de forma que seja recebido como uma oportunidade de crescimento, não como uma crítica pessoal.
- **Resolução de conflitos:** em situações de conflito, o *mindfulness* proporciona ferramentas para abordar as questões de forma mais calma e centrada. Isso é essencial para a resolução eficaz de conflitos, pois permite que ambas as partes se sintam ouvidas e respeitadas durante o processo de negociação.
- **Cultura de abertura no local de trabalho:** promover uma cultura de *mindfulness* no ambiente de trabalho ajuda a criar um espaço no qual a comunicação aberta é valorizada e incentivada. Isso reduz a probabilidade de mal-entendidos e conflitos, pois as preocupações podem ser abordadas antes que escalem.
- **Líderes conscientes:** líderes treinados em *mindfulness* podem ser determinantes ao modelar uma comunicação eficaz e ao incentivar práticas similares em suas equipes. Eles são essenciais para integrar o *mindfulness* nas práticas diárias do escritório, influenciando positivamente o clima organizacional.
- **Situações de alta pressão:** especialmente em situações de alta pressão, como em litígios ou negociações tensas, manter a atenção e consciência ao momento presente, pode ajudar os advogados a manterem-se centrados e articulados, garantindo que a comunicação permaneça eficaz mesmo sob stress.

- **Relações duradouras:** em longo prazo, a comunicação eficaz, reforçada por práticas de *mindfulness*, constrói e mantém relações de trabalho duradouras. Isso não só beneficia a gestão de conflitos, mas também contribui para uma rede profissional mais robusta e colaborativa.
- **Reconhecimento de padrões comportamentais:** *mindfulness* ajuda na identificação de padrões comportamentais próprios e alheios que podem contribuir para conflitos. Esse reconhecimento permite abordagens mais estratégicas para a comunicação e a resolução de conflitos.
- **Redução do burnout por meio da comunicação consciente:** práticas de atenção plena podem diminuir o *burnout ao me*lhorar a comunicação e ao reduzir conflitos, resultando em menor frustração no trabalho e maior satisfação profissional.
- **Articulação de expectativas:** uma comunicação clara das expectativas, facilitada por *mindfulness* interpessoal, pode prevenir muitos conflitos ao assegurar que todos na equipe entendam seus papéis e as expectativas em relação a eles.
- **Gestão de emoções em conversas difíceis:** ao gerirem emoções eficazmente durante conversas difíceis, advogados podem prevenir a escalada de conflitos e chegar a resoluções que seriam impossíveis em um estado emocional não regulado.
- **Pausa consciente:** incorporar pequenas pausas para respiração consciente ou breves momentos de reflexão ao longo do dia pode ajudar a recarregar e reorientar a mente, o que é benéfico antes de entrar em conversas ou reuniões importantes em que a comunicação precisa ser especialmente focada e eficaz.
- **Flexibilidade cognitiva:** a prática de *mindfulness* aumenta a flexibilidade cognitiva, permitindo aos advogados adaptarem-se

rapidamente em situações de comunicação dinâmica e muitas vezes imprevisível.

Em suma, ao adotar *mindfulness* na comunicação, os profissionais de direito aprimoram suas habilidades interpessoais e promovem um ambiente de trabalho mais cooperativo e produtivo. Isso não só previne a ocorrência de conflitos, como também os resolve de maneira mais eficaz quando surgem.

Prospectivamente, a integração do *mindfulness* na formação jurídica e prática profissional promete transformar o campo, tornando-o mais humano, menos adversarial e mais focado no bem-estar de todos os envolvidos.

6.3 Empatia na resolução de conflitos

O papel da empatia na resolução de conflitos é inestimável, particularmente no contexto jurídico. Advogados conscientes que aplicam empatia transformam os resultados dos casos e as relações interpessoais envolvidas. Segundo um estudo[45] sobre empatia na mediação, a empatia pode ser categorizada em transacional e relacional. Para advogados, a segunda forma é crucial, pois busca transformar relações interpessoais, promovendo entendimento e respeito mútuos que são fundamentais para soluções de longo prazo em litígios e mediações.

Esse enfoque não só facilita um ambiente de resolução de conflitos mais eficaz, mas também transformador. O envolvimento empático de um advogado aumenta a percepção de justiça e equidade no processo, o que é essencial para a aceitação e sustentabilidade dos acordos alcançados. A capacidade de entender e valorizar profundamente as emoções e perspectivas do cliente e da parte contrária pode desarmar tensões e promover um diálogo mais aberto e construtivo.

Em contextos de alta tensão ou em que existem relações anteriormente conflituosas, a habilidade empática do advogado é ainda mais crítica. Um advogado que promove empatia pode transformar um conflito potencialmente destrutivo em uma oportunidade para reconciliação e compreensão mútua. Esta capacidade é particularmente valiosa na advocacia, em que a resolução eficaz de conflitos e o manejo adequado das relações são essenciais para o sucesso profissional e a satisfação do cliente.

O estudo ressaltado também aponta a importância do treinamento em empatia para mediadores, o que é diretamente aplicável a advogados. A imparcialidade é apenas a base; a habilidade de um advogado em cultivar ativamente a compreensão emocional e o compartilhamento entre as partes envolvidas é um diferencial que pode definir o sucesso na resolução de conflitos.

Advogados que praticam a Advocacia Consciente percebem que a empatia não é apenas uma ferramenta para facilitar acordos, mas um meio de melhorar as relações entre todas as partes envolvidas. Assim, eles não somente resolvem disputas, mas também trabalham para a reconciliação e o respeito mútuo duradouros, fundamentais para a prática jurídica centrada no humano.

Cultivar e aplicar empatia de forma efetiva pode transformar fundamentalmente as dinâmicas de conflito na advocacia. Isso promove não apenas a resolução de disputas, mas também a harmonia e a colaboração contínuas. Portanto, um advogado empático é um recurso valioso, capaz de transformar desafios em oportunidades para o crescimento e entendimento mútuo.

A empatia na prática jurídica é mais do que uma habilidade útil; é um elemento essencial para a Advocacia Consciente, transformando conflitos e melhorando relacionamentos de forma duradoura. Isso beneficia os clientes e enriquece a experiência profissional dos advogados, solidificando sua reputação como facilitadores de soluções genuínas e sustentáveis.

Capítulo 7

DIREITO À SAÚDE MENTAL: COMBATENDO O BURNOUT

O conceito de saúde mental, felicidade no trabalho e o impacto do estresse na vida profissional são tópicos que têm ganhado crescente atenção, especialmente em profissões de alta demanda como a advocacia. Alguns autores em seus estudos, destacam que a felicidade não é apenas uma condição efêmera de prazer, mas uma complexa combinação de bem-estar, contentamento e a sensação de que a vida tem significado e valor. Esse entendimento mais profundo de felicidade está diretamente relacionado à saúde mental e ao combate ao estresse, questões vitais para o desempenho e a sustentabilidade na carreira jurídica.

A advocacia, conhecida por suas longas horas e conflitos intensos, expõe os profissionais a níveis significativos de estresse crônico. Esse estresse não apenas afeta o bem-estar individual, mas também pode levar ao *burnout*, *uma* condição de esgotamento que compromete a capacidade de trabalhar eficazmente e de encontrar satisfação na carreira.

Entender os modos de funcionamento da mente, como o "modo fazer", centrado em objetivos externos e materiais, e o "modo ser", focado na aceitação e no presente, é fundamental para abordar as raízes do estresse na advocacia. O pensamento ocidental tende a associar a felicidade com a conquista e a acumulação, o que pode levar a um ciclo interminável de busca por satisfação externa e, paradoxalmente, a um aumento do estresse e da insatisfação.

A Psicologia moderna, por intermédio de figuras como Robert Sapolsky e Nancy Adler, ilumina as severas consequências físicas e mentais do estresse prolongado, incluindo problemas cardiovasculares, imunológicos e até uma aceleração do envelhecimento celular. A implementação de práticas de *mindfulness* no ambiente jurídico, promovendo a aceitação e a consciência plena, é uma estratégia eficaz para mitigar esses efeitos, melhorando a resiliência e a capacidade de enfrentar desafios sem cair no esgotamento.

As observações do artigo "The business case for happiness"[46], reforçam como a felicidade no trabalho não só beneficia os indivíduos, como também traz vantagens significativas para as organizações. Essa perspectiva é essencial para entendermos como as práticas de saúde mental podem ser vistas como medidas de suporte pessoal e como estratégias críticas de desenvolvimento organizacional, especialmente na advocacia, em que o estresse e o *burnout* são prevalentes.

O artigo destaca que trabalhadores felizes não são apenas mais produtivos, mas também mais criativos e inovadores. Essa ligação é crucial no contexto jurídico, em que a criatividade e a inovação podem transformar a prática do direito, tornando-a mais eficiente e adaptada às necessidades contemporâneas. Além disso, a felicidade no local de trabalho está associada a uma melhor saúde física e mental, o que reduz custos com saúde e aumenta a longevidade dos profissionais no campo.

Conforme explorado no artigo, organizações que priorizam a felicidade dos colaboradores observam um aumento na lealdade e na satisfação dos clientes, além de uma melhoria nos índices de retenção de talentos e uma redução nos custos associados à rotatividade de funcionários. No ambiente altamente competitivo da advocacia, em que a retenção de talentos é um desafio constante, estas vantagens proporcionam uma vantagem competitiva significativa.

A aplicação desses conceitos na advocacia exige uma mudança cultural que valorize não apenas os resultados, mas também o bem-estar dos advogados. A recente legislação brasileira sobre saúde mental nas empresas é um reflexo dessa necessidade e um passo importante para a promoção de práticas sustentáveis que garantam a saúde e a eficácia dos profissionais jurídicos.

No contexto brasileiro, a recente promulgação da Lei n° 14.831/24[47] que certifica empresas promotoras da saúde mental é um passo significativo para reconhecer e abordar a necessidade de ambientes de trabalho mais saudáveis. Essa legislação reflete uma mudança na maneira como a saúde mental é valorizada e oferece um novo marco regulatório que incentiva as organizações a adotarem práticas que promovam o bem-estar dos trabalhadores.

A deputada federal Maria Arraes, advogada e autora do projeto de lei aprovado, compartilha suas reflexões ao final deste livro. Ela ressalta a relevância da nova legislação para a advocacia e outros campos, proporcionando um panorama detalhado sobre os avanços do Brasil na promoção da saúde mental no ambiente de trabalho. Sua experiência jurídica aliada ao seu compromisso com o bem-estar mental dos profissionais enriquece significativamente essa discussão, evidenciando a urgência dessas mudanças.

7.1 Burnout na advocacia

A síndrome de *burnout*, conforme descreve a literatura, é caracterizada por exaustão emocional, despersonalização e reduzida realização pessoal, frequentemente desencadeada pelo estresse crônico no trabalho. Esse fenômeno é particularmente prevalente entre advogados devido à alta pressão, longas horas de trabalho e a constante demanda emocional enfrentada no exercício da profissão. Além disso, a natureza competitiva e muitas vezes conflituosa da advocacia pode levar a um ambiente de trabalho altamente estressante, em que o bem-estar mental muitas vezes fica em segundo plano.

De acordo com a Comissão Especial de Direito Médico e da Saúde na Cartilha Saúde Mental da OAB[48] destaca que cerca de 30% dos advogados experimentam níveis elevados de estresse e ansiedade, com muitos relatando sentir-se esgotados pela carga de trabalho e pelas pressões associadas à expectativa de sucesso e à constante disponibilidade demandada por clientes. A longo prazo, esse estresse pode se acumular, aumentando o risco de *burnout* entre esses profissionais.

Conforme discutido por Mota e Barros[49], o escritório de advocacia desempenha um papel crucial como agente de inclusão social na saúde mental, proporcionando aos indivíduos meios para gerenciar suas vidas de maneira mais autônoma. A pesquisa enfatiza a importância de reconhecer os primeiros sinais de *burnout*, que incluem cansaço persistente, cinismo em relação ao trabalho e uma sensação de ineficácia profissional. Ignorar esses sintomas pode levar a consequências mais graves, como depressão e até mesmo a desistência da carreira.

Dado esse cenário, torna-se imperativo que os advogados e escritórios de advocacia implementem medidas preventivas e promovam um ambiente corporativo mais saudável. Isso pode incluir a criação de políticas de trabalho mais flexíveis, oferecendo apoio psicológico, e fomentando uma cultura que valorize o equilíbrio entre vida profissional e pessoal.

Além disso, a adoção de práticas de *mindfulness* e outras técnicas de redução de estresse pode ser extremamente benéfica. O artigo "A saúde mental do operador do Direito"[50], publicado na revista Ciência Dinâmica em 2021, destaca a importância do autocuidado para a manutenção da saúde mental dos profissionais do direito. Os autores argumentam que os transtornos mentais comuns, como ansiedade e depressão, são altamente prevalentes entre advogados e estudantes de direito, devido às pressões e ao estresse inerentes à profissão. A pesquisa revela que fatores como insegurança no trabalho, instabilidade financeira e falta de tempo para lazer contribuem significativamente para esses transtornos, afetando negativamente a qualidade de vida e o desempenho profissional.

Além disso, o estudo evidencia uma necessidade urgente de maior conscientização e de políticas que promovam a saúde mental no setor jurídico. Propõe-se que os cuidados com a saúde física e mental façam parte da rotina diária dos profissionais, sugerindo a integração de práticas de *mindfulness* e outras estratégias de manejo do estresse. Este trabalho é um chamado à ação para que instituições de ensino e órgãos da advocacia implementem programas efetivos de suporte à saúde mental, reconhecendo que o bem-estar dos operadores do direito é fundamental não apenas para os indivíduos, mas também para a preservação dos direitos daqueles que eles representam.

Ao abordar a questão do *burnout* na advocacia, é fundamental que as estratégias adotadas sejam inclusivas e abrangentes, levando em consideração a diversidade das experiências individuais dentro da profissão. O comprometimento das lideranças com a saúde mental de seus colaboradores melhora o ambiente de trabalho e assegura a sustentabilidade da prática jurídica como um todo.

7.2 Identificando os sintomas do burnout

Para identificar sinais e sintomas de alerta do *burnout na ad*vocacia, é essencial compreender a tridimensionalidade dessa síndrome, que envolve exaustão emocional, indiferença do trabalho e dos clientes e falta de eficácia profissional, conforme definido na literatura[51]. Esses componentes revelam-se de maneiras sutis no dia a dia dos advogados. A exaustão emocional, por exemplo, pode ser percebida quando profissionais se sentem sobrecarregados e incapazes de recuperar sua energia mesmo após períodos de descanso. Esse é um sintoma crítico e frequentemente o primeiro a ser notado.

A indiferença ou despersonalização se manifesta por meio de uma atitude em relação aos clientes, colegas e à própria profissão. Advogados podem começar a tratar os casos como meros números ou sentir que seus esforços são inúteis, o que pode afetar negativamente sua capacidade de advocacia e sua ética profissional. A eficácia profissional reduzida, por sua vez, é vista na diminuição da satisfação com as realizações no trabalho e na sensação de incompetência e falta de produtividade, que podem levar a uma espiral descendente de desempenho no ambiente de trabalho.

Além disso, uma sensação reduzida de realização pessoal é frequentemente relatada por advogados que enfrentam o *burnout*. Isso se traduz em sentimentos de insatisfação e falta de eficácia no trabalho, em que até mesmo as conquistas antes celebradas passam a ser vistas como insuficientes ou sem valor.

Outros sintomas incluem alterações no sono e no apetite, irritabilidade aumentada, dificuldades de concentração, e uma predisposição para adoecer. Esses sinais físicos e emocionais são indicativos de que o corpo e a mente estão sob estresse excessivo.

É essencial que advogados e gestores estejam atentos a esses sinais, pois o reconhecimento precoce pode facilitar intervenções eficazes. Estratégias de prevenção e mitigação podem incluir o desenvolvimento de habilidades de gestão do estresse, a promoção de um equilíbrio saudável entre vida pessoal e profissional e o fomento de um ambiente de trabalho de suporte e colaboração. A implementação de práticas de *mindfulness* e técnicas de resiliência também são recomendadas para ajudar a combater os efeitos do *burnout*, promovendo uma abordagem mais consciente e equilibrada para a carreira jurídica.

No contexto mais amplo, as organizações jurídicas devem esforçar-se para criar políticas que reconheçam e abordem o bem-estar mental como uma prioridade, não apenas para melhorar a saúde dos indivíduos, mas também para aumentar a eficiência e a ética dentro do ambiente jurídico. A recente legislação no Brasil, que promove a saúde mental nas empresas, é um passo importante nessa direção, destacando a relevância crescente desse assunto na advocacia e outros setores.

O *checklist* a seguir é destinado a identificar os sintomas e sinais de alerta de *burnout*, está fundamentado em diversas referências bibliográficas reconhecidas[52]. Compreender a complexidade e as manifestações do *burnout* fornece uma base sólida para a elaboração de métodos eficazes de diagnóstico e intervenção.

Checklist dos principais sintomas de *burnout*:

1. **Exaustão emocional:** sentir-se drenado e sem energia para lidar com as tarefas diárias.
2. **Distanciamento emocional:** atitude indiferente em relação aos clientes e ao trabalho.
3. **Redução na realização pessoal:** sentimentos de insatisfação e ineficácia no trabalho.
4. **Alterações no sono e apetite:** dificuldades para dormir ou comer de forma adequada.
5. **Irritabilidade:** aumento da frustração e irritabilidade com situações que antes eram manejáveis.
6. **Problemas de concentração:** dificuldade em manter o foco em tarefas que requerem atenção contínua.
7. **Propensão a adoecer:** um sistema imunológico comprometido, levando a uma maior frequência de doenças.

Identificar esses sinais é o primeiro passo para abordar o *burnout*. A conscientização desses sintomas permite aos advogados buscar intervenções eficazes para gerir o estresse e promover um ambiente de trabalho mais saudável.

A atenção a esses sintomas não só ajuda a prevenir o agravamento do *burnout*, mas também fortalece a prática legal ao permitir que os profissionais mantenham seu bem-estar e eficácia.

Os sinais de alerta do *burnout* na advocacia são vitais para reconhecer, especialmente considerando o estresse intrínseco à profissão. Os sintomas podem ser sutis no início, mas se não forem identificados e gerenciados a tempo, podem levar a consequências severas tanto para a saúde mental quanto para a carreira do advogado.

7.3 Prevenção do burnout e a importância de buscar ajuda profissional

O *burnout é uma* realidade preocupante no cenário da advocacia, e já sabemos disso. As longas horas de trabalho, a pressão constante por resultados e o elevado nível de responsabilidade são fatores que contribuem significativamente para o surgimento desse fenômeno entre os advogados. Para mitigar esses riscos, é fundamental implementar estratégias preventivas e encorajar a busca por apoio profissional.

Uma das estratégias mais eficazes na prevenção do *burnout é a p*romoção de um equilíbrio saudável entre vida profissional e pessoal. Escritórios de advocacia e departamentos jurídicos podem instituir políticas que limitem horas extras e incentivem períodos de descanso e desconexão do trabalho. A flexibilização dos horários e a possibilidade de trabalho remoto também são medidas que podem contribuir significativamente para a redução do estresse cotidiano.

Além disso, o desenvolvimento de habilidades de resiliência é fundamental. Programas de treinamento que ensinam técnicas de manejo do estresse, como *mindfulness* e meditação, têm se mostrado benéficos. Essas práticas ajudam a melhorar a concentração, a clareza mental e a capacidade de lidar com situações adversas, reduzindo a probabilidade de *burnout*.

A implementação de programas de apoio psicológico, acessíveis e confidenciais, dentro das organizações jurídicas, também é uma estratégia vital. Ter acesso a serviços de aconselhamento ou terapia pode fazer uma grande diferença para profissionais que já apresentam sinais de esgotamento ou que simplesmente desejam manter sua saúde mental.

A criação de um ambiente de trabalho positivo e de suporte mútuo é outro aspecto fundamental. Promover uma cultura organizacional que valorize os resultados e o bem-estar dos colaboradores, cria um ambiente menos propenso ao desenvolvimento de *burnout*. Isso pode incluir desde o reconhecimento das conquistas dos funcionários até a oferta de *feedback* construtivo e suporte nas dificuldades enfrentadas.

A importância de buscar ajuda profissional não pode ser subestimada. Muitas vezes, os advogados resistem a procurar ajuda por medo de estigma ou de demonstrar vulnerabilidade. No entanto, a intervenção de profissionais de saúde mental pode fornecer as ferramentas necessárias para lidar com o estresse de maneira eficaz e evitar que o *burnout* se desenvolva ou progrida.

Por fim, é fundamental que haja uma mudança cultural dentro da profissão jurídica que normalize e encoraje discussões sobre saúde mental e bem-estar. Com a recente promulgação da lei que certifica empresas promotoras da saúde mental no Brasil, esperamos ver uma transformação significativa na maneira como o bem-estar é percebido e tratado no ambiente jurídico. Essas ações previnem o *burnout* e promovem uma carreira mais sustentável e satisfatória para os profissionais do direito.

Capítulo 8

PRÁTICA DA COMPAIXÃO NA ADVOCACIA

No contexto jurídico, liderar com compaixão representa uma revolução no modo como os profissionais de direito interagem entre si e com seus clientes. A compaixão, definida pela psicologia como uma emoção que emerge ao testemunhar o sofrimento alheio, acompanhada do desejo de aliviar tal dor, vai além de uma simples resposta emocional. É uma força motivadora que impulsiona ações concretas. Essa perspectiva foi bem articulada inicialmente por Goetz[53] e expandida por Paul Gilbert[54], que enxerga a compaixão como uma conscientização profunda do sofrimento, seja ele próprio ou de outrem, com um compromisso ativo para mitigá-lo.

Diferenciando-se de uma mera resposta empática, a compaixão no ambiente jurídico envolve entender profundamente as adversidades enfrentadas por clientes e colegas, e agir de maneira a oferecer suporte genuíno. Essa abordagem é fundamentada na capacidade de "mentalização" ou "teoria da mente", conceitos que refletem a habilidade de compreender o estado mental de outra pessoa. Kristin Neff[55] contribui significativamente para essa discussão ao decompor a compaixão em três componentes principais: *mindfulness*, humanidade compartilhada e autocompaixão. Esses elementos formam uma base robusta para medir e fomentar a compaixão em ambientes profissionais e pessoais.

No âmbito da advocacia, a compaixão se traduz em práticas que não apenas atendem às necessidades legais dos clientes, mas também consideram o impacto emocional e psicológico dos casos. Líderes jurídicos que adotam a compaixão como parte de sua metodologia melhoram o bem-estar de sua equipe e elevam a qualidade do atendimento ao cliente. Eles criam um ambiente no qual a empatia floresce, promovendo um espaço de trabalho mais solidário e menos adversarial.

Paul Gilbert identifica três sistemas neurobiológicos que fundamentam a compaixão: o sistema de satisfação, calma e segurança, que promove a paz e a estabilidade emocional; o sistema de ameaça e autoproteção, que prepara o indivíduo para responder a perigos percebidos; e o sistema de incentivo e busca de recursos, que motiva a conquista de metas e recursos essenciais. Entender esses sistemas ajuda líderes jurídicos a reconhecer e mitigar o estresse próprio e de seus colegas, enquanto fomentam um ambiente de trabalho mais harmonioso e produtivo.

A prática da compaixão no direito também implica reconhecer que o sofrimento é uma experiência universal. Essa "humanidade compartilhada" ajuda a normalizar as adversidades, reduzindo o estigma em torno de questões como o estresse e a ansiedade no ambiente jurídico. Além disso, a autocompaixão incentiva advogados e outros profissionais de Direito a se tratarem com a mesma gentileza e compreensão que ofereceriam a um amigo ou colega em dificuldades.

Adotar uma liderança baseada na compaixão significa rejeitar a incessante busca por status e reconhecimento que muitas vezes caracteriza o ambiente jurídico. Em vez disso, líderes compassivos valorizam a colaboração, o bem-estar coletivo e a resolução de conflitos de maneira construtiva e empática. Essa abordagem beneficia os indivíduos envolvidos, bem como melhora a eficácia e a eficiência da prática jurídica como um todo.

A compreensão das bases biológicas da compaixão, como os neurotransmissores envolvidos e os circuitos cerebrais ativados, oferece uma justificativa científica para sua promoção no ambiente de trabalho. Saber que a compaixão ativa áreas do cérebro associadas ao amor e ao desejo de ajudar pode encorajar líderes jurídicos a adotar práticas que cultivem essas respostas, beneficiando a saúde mental e as relações interpessoais.

Em suma, a liderança jurídica baseada na compaixão não é apenas uma escolha ética ou moral; é uma abordagem fundamentada cientificamente que pode transformar a prática do direito. Proporciona um caminho para enfrentar os desafios do ambiente jurídico moderno, não por meio da competição feroz, mas por meio da empatia, do cuidado e do apoio mútuo. Cultivar a compaixão dentro da advocacia pode ser uma das respostas mais eficazes para os crescentes níveis de *burnout* e insatisfação na profissão, promovendo um ambiente mais saudável e sustentável para todos.

8.1 Como a compaixão pode transformar o ambiente de trabalho jurídico

A compaixão no ambiente de trabalho jurídico pode revolucionar a maneira como os profissionais interagem entre si e lidam com seus clientes. Em um campo tradicionalmente conhecido por sua rigidez e, por vezes, falta de empatia, a introdução consciente da compaixão como um valor organizacional pode transformar fundamentalmente as práticas e a cultura jurídica. A diferenciação entre empatia e compaixão é primordial nesse processo, visto que, enquanto a empatia envolve sentir o sofrimento do outro, a compaixão engloba a motivação para aliviar esse sofrimento.

No contexto jurídico, os profissionais muitas vezes enfrentam situações de alta pressão e estresse, lidando com casos que afetam profundamente a vida de seus clientes. A capacidade de se conectar com o cliente de uma maneira que transcenda a mera compreensão técnica e envolva uma genuína vontade de melhorar sua situação pode ser considerada uma prática compassiva. Neurologicamente, a compaixão ativa áreas do cérebro associadas ao amor e alívio do sofrimento, diferentemente da empatia que pode levar ao esgotamento emocional se não for gerenciada adequadamente.

Desenvolver a compaixão nas organizações jurídicas implica treinar os profissionais não apenas nas habilidades técnicas, mas também nas interpessoais, como a compaixão e o *mindfulness*. Isso é apoiado por estudos, como os de Klimecki [56,57] que mostram como a compaixão fortalece a resiliência e protege contra o *burnout*. Essa abordagem pode aumentar significativamente a satisfação no trabalho e melhorar a qualidade do serviço ao cliente, criando um ambiente mais humano e responsivo.

Além disso, uma liderança baseada na compaixão no setor jurídico pode influenciar positivamente toda a estrutura organizacional. Líderes que praticam e incentivam a compaixão contribuem para uma cultura na qual a competição desenfreada e o isolamento são substituídos por cooperação e apoio mútuo. Essa mudança de paradigma pode ser facilitada por modelos de liderança que valorizem o cuidado e a compreensão mútua, em contraste com modelos autoritários que podem perpetuar o medo e a competição.

A implementação de políticas e práticas que fomentem a compaixão no ambiente jurídico melhora o bem-estar dos funcionários e pode resultar em melhor atendimento ao cliente. Em um setor no qual os clientes na maioria das vezes se sentem vulneráveis, ter advogados e equipe de apoio que genuinamente se importam e desejam mitigar seu sofrimento pode diferenciar uma firma de seus concorrentes.

No entanto, promover a compaixão no ambiente jurídico também requer um compromisso organizacional com o desenvolvimento profissional contínuo e suporte emocional. Programas de treinamento em compaixão e *mindfulness* podem equipar os profissionais com as ferramentas necessárias para manter sua saúde mental e bem-estar, enquanto cuidam eficazmente dos interesses de seus clientes.

Finalmente, é importante que as organizações jurídicas reconheçam e abordem as barreiras à compaixão. Isso inclui avaliar como as estruturas e políticas organizacionais podem inadvertidamente desencorajar comportamentos compassivos. A criação de um ambiente que permite e recompensa a compaixão, é essencial para a sustentabilidade dessa prática.

Portanto, ao considerarmos a integração da compaixão no ambiente jurídico, é vital que esse esforço seja visto não como um adicional, mas como uma parte integrante da prática jurídica. A transformação começa com a liderança e se infiltra em todos os níveis da organização, criando um ambiente em que a compaixão é a norma, não a exceção. Em última análise, um ambiente de trabalho jurídico baseado na compaixão não só beneficia os profissionais dentro da organização, mas também ressoa profundamente com os clientes que buscam justiça e entendimento em momentos de grande necessidade.

8.2 Ferramentas para desenvolver a compaixão na liderança jurídica

No contexto da liderança jurídica, o desenvolvimento da compaixão é essencial para a melhoria do ambiente de trabalho e para a eficácia na resolução de conflitos e na gestão de equipes. A seguir, são apresentadas algumas ferramentas e práticas fundamentais para fomentar a compaixão na liderança jurídica:

A. Treinamento em *mindfulness* e compaixão

O primeiro passo é incorporar programas de treinamento em *mindfulness* e compaixão, que têm demonstrado ser eficazes na redução do *burnout* e na promoção de uma liderança mais empática e atenta. Tais programas ajudam os líderes a desenvolver uma maior consciência de suas próprias emoções e das emoções de outros, cultivando uma resposta mais compassiva e menos reativa diante do estresse.

B. Mentoria ou terapias embasadas em compaixão

Implementar sessões de mentoria ou terapia que focam especificamente o desenvolvimento de habilidades compassivas pode ser extremamente valioso. Essas sessões podem incluir simulações baseadas em cenários reais enfrentados por líderes jurídicos, ajudando-os a praticar a compaixão de maneira estruturada e reflexiva.

C. Espaços de comunicação aberta

Criar e manter espaços nos quais os profissionais possam compartilhar suas experiências e vulnerabilidades sem julgamento é crucial. Isso pode ser realizado por meio de reuniões regulares ou retiros onde os membros da equipe discutem abertamente os desafios emocionais e éticos de seu trabalho, promovendo um ambiente de suporte mútuo.

D. Desenvolvimento de políticas organizacionais compassivas

Revisar as políticas organizacionais para garantir que promovam a equidade, o respeito e a compaixão. Isso inclui tudo, desde políticas de horas de trabalho flexíveis até suporte para saúde mental, mostrando um compromisso organizacional com o bem-estar dos funcionários.

E. Promoção da humanidade compartilhada

Segundo Kristin Neff, reconhecer que o sofrimento é uma parte universal da experiência humana pode ajudar a desenvolver compaixão. Líderes jurídicos devem ser encorajados a ver clientes, colegas e oponentes legais através dessa lente, facilitando uma maior compreensão e conexões humanas mais profundas.

F. Práticas de autocompaixão

Encorajar os líderes a praticarem autocompaixão é fundamental. Isso pode ser alcançado por meio de *workshops* e treinamentos que ensinam técnicas para lidar com a autocrítica e para cultivar uma atitude mais gentil e compreensiva consigo mesmos durante períodos de estresse e falha.

G. *Feedback* contínuo e suporte

Implementar um sistema de *feedback* no qual a compaixão é tanto um critério avaliado quanto um comportamento encorajado. O *feedback* regular pode ajudar os líderes a ajustar suas práticas para serem mais compassivos, e o suporte contínuo pode garantir que eles se sintam confiantes para implementar essas mudanças.

Essas ferramentas ajudam a aliviar o estresse e a evitar o esgotamento, bem como promovem um ambiente jurídico mais ético, justo e humano. Ao desenvolvermos uma liderança jurídica baseada na compaixão, estamos não só melhorando o ambiente de trabalho, mas também elevando a prática jurídica a um novo padrão de cuidado e responsabilidade interpessoal.

8.3 O papel da liderança na promoção da saúde mental

No contexto jurídico, caracterizado por suas exigências intensas e constante pressão, a liderança tem um papel decisivo na promoção da saúde mental dos colaboradores. A compreensão e implementação de uma liderança baseada na compaixão transforma o ambiente de trabalho, além da forma como os desafios são enfrentados e superados. Diferenciando-se da empatia, que muitas vezes leva ao desgaste emocional, a compaixão é uma força ativa que busca aliviar o sofrimento e promove uma conexão humana mais profunda e resiliente.

> **Líderes compassivos no ambiente jurídico são essenciais para cultivar uma cultura na qual a pressão e o estresse são gerenciados de maneira saudável.**

Esses líderes entendem que a chave para a eficácia não reside apenas na competência técnica, mas também na capacidade de cuidar da equipe. Eles introduzem práticas como sessões regulares de *mindfulness* e espaços abertos para conversas sobre saúde mental, incentivando assim uma abordagem mais holística ao bem-estar no trabalho.

Além disso, esses líderes promovem uma liderança distributiva e menos punitiva, em que a responsabilidade e o cuidado são compartilhados, fomentando um ambiente de apoio mútuo. Isso permite que os colaboradores se sintam mais valorizados e compreendidos, reduzindo a sensação de isolamento e aumentando a satisfação no trabalho.

Um aspecto-chave da liderança compassiva é o desenvolvimento de políticas que diretamente abordem e melhorem a saúde mental. Isso inclui o acesso a recursos de apoio psicológico, como terapia e aconselhamento, e programas de bem-estar que são adaptados às necessidades específicas dos profissionais jurídicos.

A compaixão também se estende à interação com os clientes. Líderes ensinam suas equipes a tratar cada caso com sensibilidade e compreensão, reconhecendo que por trás de cada processo há pessoas reais enfrentando situações muitas vezes dolorosas. Isso melhora a relação cliente-advogado e reforça a reputação da organização como uma que verdadeiramente se preocupa com os indivíduos que serve.

Acredito que a liderança compassiva é fundamental para construir um ambiente jurídico que não apenas previne o *burnout*, mas também promove a saúde mental e o bem-estar geral. Ao adotarem e modelarem a compaixão, os líderes jurídicos podem transformar seu ambiente de trabalho em um espaço no qual a eficiência e o cuidado coexistem, gerando sucesso profissional, satisfação pessoal e coletiva.

Capítulo 9

DESPERTANDO PARA ADVOCACIA CONSCIENTE

Ao navegarmos pelas águas turbulentas da vida, muitas vezes sentimos que estamos à deriva. Especialmente na esteira de acontecimentos traumáticos ou épocas de mudança incerta, podemos nos encontrar perdidos, desorientados, procurando por algum tipo de bússola para nos guiar através do desconhecido. Bem-vindos, queridos leitores, ao capítulo mais recente desta aventura compartilhada, um mergulho profundo nas conexões multidisciplinares que nos ajudam a navegar pela vida com autenticidade, propósito e paixão.

Na minha vida, desfrutei muitos papéis – advogada, educadora, amiga, mãe, estudante perpétua da experiência humana. Ao marcar quatro décadas de experiências ricas em riscos, lágrimas, vitórias e derrotas, refleti sobre lições aprendidas, as conexões estabelecidas e o impacto dessas experiências em minha jornada. Por meio desta obra, busco compartilhar essas reflexões com você, na esperança de que elas possam servir como faróis na sua própria jornada.

A Advocacia Consciente oferece uma abordagem revolucionária para a prática jurídica, uma que promove o equilíbrio emocional, a saúde mental e o autocuidado. Nesta nova visão, a advocacia não é apenas uma série de tarefas e compromissos, mas também uma oportunidade para o crescimento e a realização pessoal. Em vez de serem consumidos pelo estresse e pela ansiedade, os advogados conscientes aprendem a gerenciar efetivamente essas emoções, melhorando assim sua qualidade de vida e satisfação profissional.

Os advogados que abraçam a Advocacia Consciente estão dando um passo corajoso para transformar suas práticas profissionais e também suas vidas. Eles são os pioneiros de uma nova era na prática jurídica, uma era em que a saúde mental e o bem-estar emocional são valorizados tanto quanto a competência e a diligência profissional. Ao adotarem essa nova abordagem, esses advogados estão contribuindo para a criação de um ambiente de trabalho mais saudável e equilibrado, no qual todos podem prosperar.

A Advocacia Consciente não é apenas uma mudança de atitude; é um movimento, um convite à reflexão na forma como entendemos e praticamos a advocacia. Essa nova abordagem tem o potencial de trazer uma mudança significativa para a prática jurídica, transformando a vida dos advogados e impactando positivamente o setor jurídico como um todo.

Com a Advocacia Consciente, você não apenas atende os seus clientes e cumpre seus deveres profissionais; como também se cuida, mantendo sua mente e seu corpo saudáveis. É um compromisso com o equilíbrio, com a qualidade de vida, e, acima de tudo, com a satisfação pessoal e profissional. Afinal, um advogado saudável e feliz é um melhor advogado para seus clientes, além de um exemplo inspirador para seus colegas e para a próxima geração de advogados.

Enfrentar os desafios da profissão jurídica não precisa significar sacrificar a saúde mental e o bem-estar pessoal. A Advocacia Consciente está aqui para transformar essa visão e mostrar que é possível praticar a advocacia de uma forma que nutra, em vez de esgotar, suas energias e recursos emocionais.

Durante uma viagem ao Brasil, deparei-me com colegas advogadas enfrentando quadros graves de *burnout* e depressão. Elas estavam visivelmente exaustas e desiludidas, atônitas com as realidades de suas próprias vidas e carreiras. Ver profissionais tão brilhantes sendo subjugadas pelo peso de pensamentos negativos foi profundamente impactante. Isso me levou a questionar: "Por que a advocacia precisa ser assim?". Essa indagação iniciou uma jornada de transformação pessoal e profissional, culminando na criação do conceito de Advocacia Consciente.

Ao longo dos anos, trabalhei com vários clientes que passaram por situações similares – estressados, insatisfeitos e buscando um equilíbrio entre suas vidas profissionais e pessoais. Juntos, começamos a questionar e desafiar as normas estabelecidas e a explorar novas abordagens para a prática jurídica.

Este capítulo é um convite a você, advogado ou advogada, para embarcar conosco nesta jornada rumo a uma nova advocacia. Um mundo em que a prática jurídica não é sinônimo de estresse crônico e exaustão, mas de equilíbrio, clareza mental e compaixão.

O ambiente jurídico está repleto de pressões e desafios. Com a carga de trabalho crescente e o ritmo acelerado da profissão, é necessário repensar como a advocacia é praticada. Precisamos de uma nova visão para a advocacia – uma que priorize não só a eficiência, mas também o bem-estar dos profissionais.

A advocacia tradicional está imersa em um paradigma em que prevalece a cultura do trabalho incessante, uma competição extenuante e a valorização excessiva da agressividade e da intransigência. Uma abordagem que, muitas vezes, negligencia o bem-estar dos profissionais envolvidos. O quadro é agravado pela forma como a advocacia é frequentemente glamourizada na mídia, com ênfase no drama, no conflito e na luta pelo poder, criando uma percepção distorcida da realidade dessa profissão.

No entanto, essa visão está desatualizada e não reflete as necessidades da sociedade contemporânea. Vivemos em um mundo em que a empatia, a compaixão, a colaboração e o respeito mútuo são cada vez mais valorizados, e a advocacia não deve ser uma exceção a essa tendência. Além disso, a crescente conscientização sobre a importância da saúde mental e do bem-estar, torna insustentável a manutenção de práticas de trabalho que sacrifiquem esses aspectos em nome de uma produtividade desmedida.

Diante dessas considerações, é claro que precisamos de uma nova visão para a advocacia. Uma visão que respeite a integralidade do profissional, que valorize a sustentabilidade da prática e que reconheça a importância de alinhar os valores pessoais com a prática jurídica.

Essa nova visão precisa incorporar práticas mais saudáveis, promover um ambiente de trabalho mais inclusivo e equitativo, e encorajar a adoção de técnicas de gestão do stress e do autocuidado. Precisamos de uma visão que reconheça a importância do equilíbrio entre a vida pessoal e profissional, e que entenda que a capacidade de ser um bom advogado não está desligada da capacidade de ser um indivíduo pleno, com uma vida rica e gratificante fora do ambiente de trabalho.

Essa nova visão para a advocacia é urgente e necessária. E a Advocacia Consciente é um caminho para essa transformação.

9.1 Como a Advocacia Consciente pode transformar a prática jurídica

A Advocacia Consciente propõe uma mudança na forma como a prática jurídica é percebida e realizada. Ela enfatiza a importância do equilíbrio emocional, da saúde mental e do autocuidado. Por meio dela, os advogados podem aprender a lidar com o estresse e a ansiedade, além de melhorar sua qualidade de vida e satisfação profissional.

Em um caso recente, eu estava trabalhando com um aluno – vamos chamá-lo de Carlos –, um advogado especializado em direito empresarial. Carlos estava exausto. Ele trabalhava mais de 60 horas por semana, estava sempre disponível para seus clientes, e mal tinha tempo para si mesmo ou para sua família. A cada semana que passava, sua energia e entusiasmo pela profissão pareciam esvair-se.

Foi então que introduzi Carlos à Advocacia Consciente. Iniciamos um processo de reestruturação da sua prática, priorizando o autocuidado e a saúde mental. Implementamos técnicas de *mindfulness* e meditação, que ele poderia usar para lidar com o estresse e a ansiedade. Redefinimos seus limites profissionais, assegurando que ele teria tempo para si mesmo e para seus entes queridos. Em apenas alguns meses, Carlos relatou uma mudança drástica. Ele estava mais feliz, menos estressado e mais satisfeito com a sua carreira.

O exemplo de Carlos é apenas uma pequena amostra de como a Advocacia Consciente pode transformar a prática jurídica. Nesse modelo, a ênfase é colocada no equilíbrio emocional, na saúde mental e na satisfação pessoal, sem sacrificar o sucesso profissional.

A Advocacia Consciente ensina aos advogados a importância de estabelecer limites saudáveis, a priorizar seu bem-estar e a se conectar com seus valores pessoais. Ela promove a autocompaixão, a empatia e a resiliência – qualidades que não apenas beneficiam os próprios advogados, mas também têm um impacto positivo na qualidade dos serviços que oferecem aos seus clientes.

Por exemplo, um advogado que pratica a atenção plena é capaz de se concentrar mais plenamente em suas tarefas, lidar melhor com a pressão e tomar decisões mais ponderadas. Da mesma forma, um advogado que se compromete a manter um equilíbrio saudável entre a vida profissional e pessoal é menos propenso a sofrer de esgotamento, o que pode comprometer a qualidade de seu trabalho.

Assim, a Advocacia Consciente beneficia os advogados em termos de saúde e bem-estar, bem como pode levar a uma prática jurídica mais eficiente e eficaz. Esta é a beleza da Advocacia Consciente – ela possibilita um ganho duplo, melhorando a qualidade de vida do advogado e a qualidade do serviço jurídico oferecido.

9.2 O papel do advogado consciente na construção de uma nova advocacia

O advogado consciente é o arquiteto dessa nova advocacia. Ele ou ela é alguém que se preocupa não só com o cumprimento das leis, mas também com o bem-estar pessoal e o impacto das suas ações na sociedade.

A Advocacia Consciente é mais do que uma tendência passageira – é um movimento, um chamado para uma nova forma de exercer a prática jurídica. E, no centro desse movimento, estão os advogados conscientes. Eles são a força motriz por trás dessa revolução, os arquitetos de uma nova advocacia que prioriza a saúde mental, o equilíbrio emocional e a satisfação pessoal.

Mas quem é o advogado consciente? Qual é o seu papel na construção dessa nova advocacia? Como é que ele se distingue dos seus colegas tradicionais?

O advogado consciente é aquele que compreende que a prática da advocacia não precisa ser sinônimo de exaustão e estresse crônico. Ele reconhece que seu bem-estar emocional e mental é tão importante quanto sua competência técnica, e que cuidar de si mesmo é, na verdade, essencial para ser um advogado eficaz.

Ele é alguém que busca continuamente o autodesenvolvimento e o crescimento pessoal, e que vê a prática jurídica como um meio de ganhar a vida, além de uma oportunidade para fazer a diferença na vida das pessoas e na sociedade.

O advogado consciente é um comunicador eficaz e um líder inspirador. Ele não vê os conflitos como algo a ser evitado, mas como uma oportunidade para a resolução criativa de problemas. Ele sabe que o sucesso a longo prazo na advocacia depende não apenas da habilidade de vencer casos, mas também de construir relacionamentos sólidos e duradouros – com clientes, colegas de trabalho e a comunidade em geral.

E acima de tudo, o advogado consciente é alguém que se alinha com seus valores e princípios, e que busca construir uma carreira que esteja em harmonia com quem ele é como pessoa. Ele entende que, para realmente ser eficaz e encontrar satisfação na advocacia, precisa trazer seu eu autêntico para o trabalho – com todas as suas paixões, habilidades, desafios e aspirações.

Assim, o papel do advogado consciente na construção de uma nova advocacia é crucial. Ele é um exemplo vivo de que é possível ter uma carreira jurídica bem-sucedida e gratificante, sem sacrificar a saúde mental e o equilíbrio emocional. E, ao fazer isso, ele pavimenta o caminho para uma nova geração de advogados que aspiram a fazer o mesmo.

9.3 Como cada advogado pode contribuir para essa transformação

E aí está você, lendo este livro, um advogado em plena expansão, que já percebeu que é possível mudar. Sim, estou falando com você que, talvez, enquanto lê essas palavras, esteja vivendo aquele frenesi jurídico de petições, prazos e processos. No fundo, você sabe que há algo mais na advocacia, algo além do estresse e da pressão incessante.

Você é o herói desta história, e eu estou aqui, do outro lado desta página, torcendo e caminhando com você. Como advogada e educadora que sou, tenho vivido essa jornada há algum tempo. E eu te afirmo: sim, é possível advogar com consciência, com equilíbrio, com paixão e propósito.

Sei que a jornada pode parecer assustadora, mas confie em mim, a vista lá de cima é de tirar o fôlego. Quando você começa a se sintonizar com o que realmente importa, quando você para de brigar contra o tempo e começa a dançar com ele, quando você reconhece que seu maior patrimônio é você mesmo... A mágica acontece.

Você pode estar se perguntando: "Como posso contribuir para essa transformação?". Bom, deixe-me dizer, cada passo conta. Comece com pequenas mudanças. Talvez seja fazer uma pausa de cinco minutos entre reuniões para respirar fundo e se centrar. Talvez seja buscar aprender sobre *mindfulness* ou começar a praticar yoga. Ou talvez seja simplesmente reconhecer quando você está se sentindo esgotado e dar a si mesmo permissão para descansar.

E lembre-se: a Advocacia Consciente não é apenas sobre você. É sobre todos nós, juntos, transformando a forma como a advocacia é praticada. Então, compartilhe suas experiências. Converse com seus colegas sobre suas lutas e suas vitórias. Seja um farol de luz na escuridão do estresse e do *burnout*.

Acredite em mim, sua coragem vai inspirar outros a seguirem o mesmo caminho. Juntos, podemos construir uma nova advocacia – uma que honre nossas habilidades, respeite nosso bem-estar e reflita nossos valores mais profundos.

Lembre-se: você não está sozinho nesta jornada. Somos muitos, todos nós, advogados conscientes, caminhando juntos rumo a uma nova era da prática jurídica. E, ao mesmo tempo, cada um de nós é uma parte única e essencial desse movimento.

O próximo passo é encontrar uma comunidade de pessoas que compartilhem dos mesmos valores e que possam te apoiar e te desafiar a continuar crescendo. Essas comunidades existem, e estão prontas para te acolher. Seja em cursos, *workshops*, grupos de estudo, fóruns *online* ou encontros informais, existem inúmeras oportunidades para você se conectar com outros advogados conscientes.

Por último, mas certamente não menos importante, lembre-se de que a transformação pessoal é a base para a transformação coletiva. Cada passo que você dá em direção à Advocacia Consciente, cada mudança que faz em sua vida e em sua prática contribui para a criação de uma nova cultura na advocacia. Uma cultura que valoriza o bem-estar, o equilíbrio emocional, a compaixão, a colaboração e a integridade.

Então, eu convido você a se juntar a nós nesta trajetória. A jornada para a construção de uma nova advocacia, uma advocacia que nutre a sua alma e que faz a diferença no mundo. Uma advocacia que respeita e valoriza você, como ser humano integral, e que te permite ser o advogado que sempre quis ser.

E, enquanto você dá os primeiros passos nesta jornada, lembre-se: a Advocacia Consciente não é um destino, mas uma forma de caminhar. Não é um lugar aonde você chega, mas a forma como percorre a jornada. E cada passo, por menor que seja, conta. Cada passo é uma oportunidade para se tornar mais consciente, mais presente e mais alinhado com quem você realmente é.

Este é o desafio que a Advocacia Consciente lhe apresenta: a oportunidade de redefinir o que significa ser um advogado, de se reconectar com o seu propósito, de transformar a sua prática e, ao fazê-lo, de transformar a si mesmo.

Então, eu lhe pergunto: **você está pronto para embarcar nesta jornada? Está pronto para se juntar a nós na construção de uma nova advocacia?**

Se a sua resposta for sim, então eu lhe digo: bem-vindo à Advocacia Consciente. Bem-vindo ao futuro da prática jurídica. E, acima de tudo, bem-vindo a uma nova forma de viver e praticar a advocacia – uma forma que honra a sua integralidade, que valoriza a sua saúde e bem-estar, e que lhe permite fazer a diferença no mundo.

Espero que este livro seja uma fonte de inspiração e orientação para você, enquanto você embarca nesta jornada. E lembre-se: a Advocacia Consciente não é apenas sobre o que você faz, mas sobre quem você é. E quem você é, é suficiente.

Então, respire fundo, abrace a incerteza e dê o primeiro passo. O despertar da Advocacia Consciente começa agora, e começa com você.

Vamos nessa?

Capítulo 10

GOTA DE PRÁTICA

10.1 Primeiros passos para uma Advocacia Consciente

No universo da advocacia, frequentemente navegamos por águas turbulentas, enfrentando desafios que testam nossa resiliência e exigem uma constante atualização de nossas habilidades e conhecimentos. É nesse cenário que enfatizo aos meus alunos a importância inestimável das práticas de *mindfulness* e compaixão. A teoria, sem dúvida, serve como um farol, iluminando nosso caminho e oferecendo o suporte necessário para não nos perdermos em meio às tempestades do cotidiano jurídico. Como um mapa, a teoria nos guia, ajudando-nos a reorganizar rotas e a traçar metas com clareza e precisão.

No entanto, enquanto a teoria nos fornece as coordenadas, é a prática que nos move adiante, que rema contra as correntezas e nos leva a destinos antes inalcançáveis. É na prática que verdadeiramente testamos os limites de nossa capacidade e expandimos nossos horizontes. Entender isso é compreender que, embora a teoria seja fundamental, somente com a prática contínua é que desfrutamos os resultados.

Um conceito fascinante que emerge da neurociência é o da neuroplasticidade, a capacidade do cérebro de se reorganizar em resposta a novas informações, experiências ou ambientes. Estudos de neuroplasticidade apoiando o aprendizado[58] ilustram como atividades repetidas não apenas remodelam as conexões neurais, mas também facilitam a formação de novos caminhos neurais. Esse fenômeno sublinha que, mesmo na idade adulta, nosso cérebro retém uma plasticidade surpreendente, capaz de adaptar-se e aprender continuamente.

Além disso, a neuroplasticidade é a razão pela qual podemos continuar aprendendo novas coisas em qualquer idade, não apenas durante os anos de desenvolvimento infantil. Embora possa requerer mais esforço à medida que envelhecemos devido às mudanças no condicionamento físico e na capacidade de recuperação, a capacidade do cérebro de se adaptar e transformar-se permanece. Esse processo de constante reconfiguração neural permite que adaptemos nosso comportamento e pensamento a novas situações ou mudanças em nosso ambiente.

A prática constante se integra a esse processo ao sedimentar caminhos neurais que, com o tempo, se tornam cada vez mais robustos e acessíveis. É como percorrer um caminho na floresta – quanto mais frequentemente o percorremos, mais definido e fácil de transitar ele se torna. Da mesma forma, a prática habitual de *mindfulness* e técnicas de compaixão molda nosso cérebro de maneira a facilitar essas respostas como reações quase automáticas aos desafios diários.

A formação de hábitos, portanto, é essencial para que essas práticas se transformem em habilidades inerentes. A criação de hábitos não é um processo que ocorre da noite para o dia. Requer repetição, paciência e tempo. Segundo estudos em neurociência e psicologia, a repetição consistente de uma ação pode transformar atividades conscientemente executadas em respostas quase automáticas. Esse processo de habituação é fundamental para o desenvolvimento profissional, especialmente em um campo tão exigente quanto a advocacia.

Ao transformarmos práticas conscientes em hábitos sólidos, gradualmente nos equipamos com habilidades que se tornam parte integrante de nossa rotina. Essas habilidades, uma vez automatizadas, permitem-nos operar em nossa máxima capacidade, liberando energia cognitiva que pode ser redirecionada para enfrentar novos desafios ou aprofundar ainda mais nosso conhecimento e técnica.

A verdadeira transformação na prática jurídica vem, portanto, da habilidade de integrar plenamente essas práticas em nosso dia a dia, tornando-as tão naturais quanto respirar. Quando atingimos esse nível de prática, começamos a perceber mudanças sutis em nossa percepção e reação aos desafios diários. **A prática diária leva ao hábito, e o hábito diário evolui para uma habilidade.**

Em última análise, percebemos que certos procedimentos, culturas e costumes são inerentes à advocacia tradicional e estão além de nossa capacidade de mudança. No entanto, o que está ao nosso alcance é a transformação de nossa própria perspectiva e a decisão consciente de como conduzimos nossa prática jurídica a transformação de nossa própria perspectiva e a decisão consciente de como conduzimos nossa prática jurídica a partir de então.

Este capítulo final, "Gota de Prática", é um convite para que você possa mergulhar nas águas profundas da prática jurídica consciente e compassiva, explorando como essas ferramentas enriquecerá sua experiência profissional bem como poderá te fortalecer frente aos desafios inevitáveis da carreira jurídica. Por meio desta jornada, não só sobrevivemos às tempestades, mas aprendemos a navegar com habilidade e graça, alcançando destinos de realização e satisfação que antes pareciam distantes.

10.2 Práticas para começar a mudança na advocacia

Na jornada para transformar a prática jurídica e melhorar nossa saúde mental e bem-estar, é essencial incorporar técnicas e exercícios que promovam o *mindfulness* e a compaixão. Esse ponto é dedicado a introduzir e explorar quinze práticas que podem ser facilmente integradas ao cotidiano dos profissionais do direito. Essas atividades ajudam a reduzir o estresse e a ansiedade, além de aprimorar a concentração, a empatia, a compaixão e a eficiência no tratamento dos casos e no relacionamento com os clientes.

A. Pausas conscientes no escritório

Aprenderemos como pequenas pausas intencionais durante o dia podem redefinir nossa mente e nos preparar para os desafios seguintes com maior clareza e menos estresse.

No dinâmico mundo da advocacia, em que os prazos são apertados e as demandas são elevadas, é comum os profissionais se perderem em meio à correria do dia a dia. A prática de "pausas conscientes" pode ser uma ferramenta valiosa para advogados que buscam manter o foco e a serenidade em meio ao turbilhão de tarefas e responsabilidades. Esse exercício simples, que pode ser integrado facilmente à rotina diária, envolve breves momentos de pausa destinados a trazer a atenção plenamente para o presente, ajudando a clarear a mente e a reduzir o estresse.

Incorporar pausas conscientes na rotina jurídica não só melhora a concentração e a eficácia no trabalho, mas também contribui para a saúde mental do advogado. Estabelecer o hábito de fazer pequenas pausas pode ser extremamente benéfico, especialmente em uma profissão que muitas vezes envolve longas horas de concentração intensa e negociações delicadas. Ao definir **três alarmes diários** no celular para momentos aleatórios, o advogado é lembrado de se desconectar brevemente das demandas externas e voltar sua atenção para o momento presente.

Passo a passo

1. Definir alarmes: programe seu celular para despertar em três momentos diferentes ao longo do dia. Esses alarmes servirão como lembretes para iniciar a prática, independentemente da atividade que estiver realizando.
2. Interromper atividades: quando o alarme soar, faça uma breve pausa no que estiver fazendo. Se estiver em meio a uma tarefa, use esse momento para afastar-se fisicamente, se possível, ou simplesmente pare e desvie o olhar dos documentos ou da tela do computador.
3. Observar o momento presente: durante a pausa, foque sua atenção em observar o ambiente ao seu redor ou as sensações do seu corpo. Perceba os sons, a temperatura, a luz, ou qualquer outra sensação física, como a respiração ou a tensão em determinadas partes do corpo.
4. Respiração consciente: faça três respirações profundas, concentrando-se no ar entrando e saindo dos pulmões. Permita que cada expiração ajude a soltar as tensões acumuladas.
5. Reflexão breve: pergunte-se sobre o seu estado emocional atual. Como você se sente? Está ansioso, cansado, tranquilo? Reconhecer suas emoções é uma forma de validar sua experiência pessoal e ajustar suas necessidades para o resto do dia.
6. Retorno gradual: após a pausa, retome suas atividades com uma sensação renovada de foco e clareza. Essa transição deve ser feita de maneira suave para maximizar os benefícios da prática.

Ao longo do tempo, essa prática simples pode transformar significativamente a maneira como você lida com o estresse e a carga de trabalho na advocacia. As "pausas conscientes", embora breves, têm o potencial de refrescar a mente e oferecer novas perspectivas sobre problemas complexos, tornando-se uma ferramenta poderosa para o desenvolvimento pessoal e profissional. Ao tornar essa prática um hábito, estará investindo em sua saúde mental e bem-estar, fundamentais para uma carreira jurídica sustentável e gratificante.

B. Respiração de 3 minutos para advogados

Esta técnica simples será explorada como uma forma rápida e eficaz de centrar a mente e o corpo, trazendo imediatos benefícios calmantes em meio à agitação do dia a dia jurídico.

A prática da advocacia é repleta de tensões e desafios constantes. Para ajudar os advogados a encontrarem um momento de paz e foco em meio ao caos do dia a dia jurídico, a meditação de **três minutos** pode ser uma ferramenta extremamente eficaz. Esse breve período de introspecção não apenas ajuda a centrar a mente, mas também a renovar a energia necessária para enfrentar os desafios com serenidade e eficácia. Aqui está um guia passo a passo especialmente adaptado para a prática jurídica.

Antes de começar, é importante encontrar um local tranquilo no escritório ou em casa no qual você possa sentar-se sem ser interrompido. Essa prática não requer equipamentos especiais; apenas um lugar para sentar e alguns minutos do seu dia.

Passo a passo

Passo 1: Consciência do ambiente e do corpo

1. Posição inicial: sente-se em uma cadeira ou no chão com as costas eretas, mas confortáveis. Feche os olhos gentilmente.
2. Consciência do ambiente: dedique os primeiros segundos para se acostumar com os sons ao redor, a temperatura do ambiente e quaisquer odores presentes. É uma forma de reconhecer o espaço em que você está, sem julgamentos.
3. Consciência corporal: mova sua atenção para seu corpo. Note como suas pernas tocam o chão ou a cadeira, sinta o contato de suas roupas com a pele e qualquer sensação que esteja presente, seja ela de tensão ou relaxamento. Observe essas sensações sem tentar alterá-las, apenas reconhecendo-as como parte da sua experiência atual.

Passo 2: Foco na respiração

1. Redirecionamento para a respiração: lentamente, leve sua atenção para a respiração. Sinta o ar entrando e saindo, seja pelo movimento do abdômen ou do tórax, ou pelas sensações nas narinas com cada inalação e exalação.
2. Observação da respiração: continue a observar sua respiração naturalmente por alguns minutos. A ideia não é controlá-la, mas sim notar como ela flui livremente, entrando e saindo do seu corpo.
3. Manejo das distrações: é natural que pensamentos, emoções ou impulsos surjam. Quando perceber que sua mente se distraiu, reconheça isso sem julgamento e gentilmente guie sua atenção de volta à respiração.

Passo 3: Expansão da consciência

1. Consciência expandida: imagine que sua consciência é como uma esfera que começa pequena e, gradativamente, expande-se para incluir todo o seu corpo. Visualize-se respirando com o corpo inteiro, cada célula participando do processo de respiração.
2. Conexão com o entorno: se desejar, pode expandir ainda mais sua consciência para incluir o ambiente ao seu redor, as pessoas na mesma cidade, no país e, por fim, no mundo todo. Sinta uma conexão com todos os seres vivos, compartilhando a experiência humana comum.
3. Retorno gradual: ao concluir a prática, traga sua consciência de volta ao corpo. Observe sua postura, sua expressão facial e, quando se sentir pronto, abra os olhos devagar.

Ao integrar essa prática de três minutos em sua rotina diária, você estará fortalecendo sua capacidade de foco e resiliência e promovendo um bem-estar sustentável que reverbera por meio de sua prática jurídica. Com o tempo, essa pequena pausa pode se transformar em uma poderosa ferramenta para lidar com a pressão e o estresse do ambiente jurídico, permitindo que você mantenha clareza e calma, independentemente das circunstâncias.

C. *Mindful eating* no ambiente jurídico

No cotidiano corrido da advocacia, as refeições frequentemente se tornam automáticas, mais uma tarefa a ser cumprida entre petições, audiências e consultas. Contudo, a prática de *mindful eating*, ou alimentação consciente, pode transformar esses breves momentos em oportunidades para cultivar a atenção plena, aprimorar o foco e a serenidade. Essa prática melhora a relação com o alimento e nos ensina a estar verdadeiramente presentes no momento. Vamos explorar como você pode integrar essa prática durante o café da manhã, almoço ou até mesmo no cafezinho, um ritual comum nos escritórios de advocacia.

Passo a passo

Passo 1: Preparação

Antes de começar, escolha um local tranquilo para sua refeição, longe das distrações habituais do ambiente de trabalho. Se possível, desligue dispositivos eletrônicos ou coloque-os em modo silencioso para minimizar interrupções. Se você está acostumado a tomar café sentado à mesa do escritório, tente mudar para um local que favoreça uma postura mais relaxada e consciente.

Passo 2: Observação

Assim que se sentar, observe o alimento à sua frente. Passe alguns momentos apenas olhando para ele. Note as cores, as formas e as texturas. Imagine todo o processo que trouxe esse alimento até você – o cultivo, a colheita, o transporte e o preparo. Perceba a complexidade e o trabalho envolvido nesse processo.

Passo 3: Apreciação olfativa

Antes de começar a comer, aproxime o alimento do nariz e respire profundamente. Aprecie os aromas. Cada alimento tem um conjunto único de odores que frequentemente ignoramos. Permita que seu sentido do olfato ajude a aprimorar a experiência da refeição.

Passo 4: Degustação consciente

Leve uma pequena quantidade de comida à boca. Antes de começar a mastigar, permita que seu paladar registre os sabores. Onde na língua você sente os gostos? São doces, salgados, amargos, ácidos? Observe como o sabor se altera à medida que você começa a mastigar.

Passo 5: Mastigação atenta

Mastigue lentamente, concentrando-se na textura do alimento e nos sons que sua mastigação produz. Esse momento é crucial para entender a importância de desacelerar e realmente estar presente durante a refeição.

Passo 6: Reflexão

Após engolir, pause para pensar sobre a sensação de satisfação que começa a emergir. Sinta o alimento descendo pelo esôfago até o estômago, e reconheça as sensações em seu corpo.

Passo 7: Repetição consciente

Continue esse processo para cada garfada ou gole de café. Mantenha esse foco durante toda a refeição. Cada mordida é uma oportunidade de praticar *mindfulness*.

Passo 8: Conclusão grata

Ao terminar a refeição, reserve um momento para sentir gratidão pelo alimento que nutriu seu corpo e pela experiência de comer conscientemente. Reconheça como se sente diferente do início para o fim da refeição.

Passo 9: Transição suave

Antes de voltar às suas atividades jurídicas, permita-se alguns instantes para fazer a transição. Observe como a mente e o corpo se sentem após a prática de *mindful eating*.

Incorporar a prática de *mindful eating* em sua rotina jurídica pode parecer um desafio, mas com o tempo se torna uma parte integrante do seu dia. Essa prática melhora a sua saúde física e mental, bem como aprofunda sua capacidade de concentração e serenidade em meio às exigências da profissão.

D. *Mindful walking* na advocacia

No ritmo acelerado da advocacia, encontrar momentos para reconectar-se consigo mesmo e com o ambiente pode ser um desafio. A prática de *mindful walking*, ou "caminhada consciente", é uma forma poderosa de integrar *mindfulness* na rotina diária de qualquer profissional do direito. Essa prática pode ser realizada em qualquer momento e lugar, seja atravessando os corredores do escritório, seja aproveitando o trajeto para o fórum. Além de promover o relaxamento, a "caminhada consciente" ajuda a refrescar a mente e a aumentar a concentração antes de compromissos importantes como audiências e reuniões.

Passo a passo

Passo 1: Intenção

Antes de começar, reserve um momento para definir a sua intenção. Pergunte-se: "O que eu espero alcançar com esta caminhada consciente?". Talvez seja para clarear a mente antes de uma reunião importante, ou para aliviar a tensão após uma sessão intensa. Definir sua intenção ajudará a direcionar sua atenção e energia durante a prática.

Passo 2: Consciência da postura

Posicione-se em uma postura ereta e equilibrada, seja você estando parado antes de começar a andar ou enquanto se prepara para dar o primeiro passo. Sinta os pés firmemente plantados no chão, o alinhamento da coluna e a leveza dos ombros. Sinta o peso do seu corpo distribuído sobre os pés e observe qualquer tensão que possa estar presente.

Passo 3: Início da caminhada

Mantendo o olhar relaxado e desfocado, não concentrado em nada específico. Comece a caminhar lentamente, colocando toda a sua atenção no movimento dos pés e das pernas. Sinta o ciclo completo de cada passo: o calcanhar tocando o chão, o pé se achatando e os dedos empurrando para a próxima passada.

Passo 4: Atenção aos sentidos

Enquanto caminha, expanda sua consciência para outros sentidos. Observe as sensações do ar em sua pele, os sons ao redor e, se estiver ao ar livre, os cheiros do ambiente. Cada percepção sensorial traz você de volta ao momento presente.

Passo 5: Lidando com distrações

É natural que sua mente divague, pensando em casos ou tarefas pendentes. Sempre que perceber que sua atenção se desviou, reconheça suavemente e redirecione sua concentração para as sensações físicas da caminhada ou para o ciclo da respiração.

Passo 6: Integração da experiência

Ao final da caminhada, faça uma pausa para refletir sobre a experiência. Como se sente agora em comparação com antes da caminhada? Permita-se absorver qualquer sensação de calma ou clareza mental que tenha surgido.

Passo 7: Transição suave

Antes de retomar suas atividades jurídicas, passe alguns momentos em quietude, permitindo que a transição da prática de *mindful walking* para o restante do seu dia seja suave e intencional.

A prática de *mindful walking* é uma ferramenta valiosa para advogados, proporcionando uma forma acessível e prática de cultivar a atenção plena e a presença. Ao dar esses passos iniciais, você já está cultivando um espaço mental que facilitará uma prática mais focada e eficaz. Mesmo nos corredores movimentados ou em áreas urbanas, sua mente pode manter um estado de presença enriquecedor e rejuvenescedor. Ao se engajar com intencionalidade, cada passo se torna uma oportunidade de prática, transformando rotinas diárias em momentos de conexão e reflexão pessoal.

E. Escutar somente escutando

No dinâmico mundo da advocacia, em que cada detalhe pode ser decisivo, a capacidade de escutar atentamente não é apenas uma habilidade desejável, é uma necessidade fundamental. Para advogados, entender profundamente as nuances de cada caso, as preocupações dos clientes, e até os subtextos em diálogos com a oposição ou durante as audiências, pode determinar o sucesso ou o fracasso em suas atuações. É aqui que a prática de "escutar somente escutando" se mostra valiosa. Essa técnica de *mindfulness* é projetada para aprimorar a capacidade de concentração e presença, essenciais para quem atua no campo jurídico.

Sugerimos que essa prática seja incorporada em momentos menos técnicos do dia a dia do advogado, como, por exemplo, enquanto espera para realizar uma sustentação oral ou ouve argumentações de colegas em tribunais. Esses momentos, muitas vezes vistos como passivos, podem se transformar em oportunidades ricas para desenvolver a habilidade de escuta consciente.

Passo a passo

Passo 1: Preparação

Encontre um lugar confortável para sentar enquanto espera sua vez no tribunal ou durante reuniões nas quais sua participação ativa não é necessária. Mantenha uma postura ereta e digna, que reflita sua presença e atenção.

Passo 2: Centramento

Realize algumas respirações profundas para centrar sua mente e corpo. Permita que cada expiração o ajude a soltar as tensões e cada inspiração o traga para o momento presente.

Passo 3: Foco nos sons

Com os olhos fechados, se possível, comece a focar exclusivamente os sons ao seu redor. Não busque identificar ou julgar os sons, apenas permita que eles cheguem até você.

Passo 4: Atenção plena aos detalhes

Tente captar a variedade de timbres e volumes, observando como os sons interagem entre si. Se você se encontrar etiquetando os sons (por exemplo, "vozes", "passos", "batidas"), gentilmente guie sua atenção de volta às características puras dos sons.

Passo 5: Profundidade da escuta

Explore os sons como se fossem completamente novos para você, cada nuance e variação, como se estivesse descobrindo o sentido da audição pela primeira vez.

Passo 6: Reconhecimento da distração

É natural que sua mente divague, pensando no caso em mãos ou em outras responsabilidades. Sem julgamento, reconheça o desvio e suavemente redirecione sua atenção para os sons presentes.

Passo 7: Integração da prática

Gradualmente, comece a integrar a escuta atenta com a conscientização de sua respiração, criando uma ancoragem que você pode utilizar mesmo em interações diretas com clientes ou colegas.

Passo 8: Transição suave

Antes de concluir sua prática, passe alguns momentos em silêncio, reconhecendo o estado de calma e presença que você cultivou. Leve essa sensação de foco renovado de volta às suas atividades jurídicas.

Ao praticar regularmente, você desenvolverá uma habilidade notável de escuta que não apenas melhorará sua eficácia em audiências e negociações, mas também enriquecerá suas interações com clientes, colegas e até na sua vida pessoal.

F. Prática dos 5 sentidos no escritório

No ritmo acelerado do ambiente jurídico, é comum que advogados se encontrem frequentemente perdidos em pensamentos sobre casos, prazos e reuniões. A prática dos "5 sentidos no escritório" é uma técnica de *mindfulness* projetada para trazer o foco de volta ao momento presente, utilizando os cinco sentidos como âncoras. Essa prática pode ser particularmente útil durante os períodos de trabalho intenso, ajudando profissionais da advocacia a manter a calma e a clareza mental.

Sugerimos que o advogado reserve alguns minutos do seu dia no escritório para se engajar nessa prática. Pode começar escolhendo um objeto qualquer que esteja sobre a mesa, como um livro, uma caneta ou até um copo de água.

Passo a passo

Passo 1: Preparação
Encontre um local em seu escritório onde você possa sentar-se confortavelmente sem ser interrompido. Isso pode ser na sua mesa, na sala de reuniões ou em uma área reservada para pausas.

Passo 2: Seleção do objeto:
Escolha um objeto que esteja dentro do seu campo de visão e de fácil acesso. Pode ser algo comum como uma caneta, um bloco de notas, ou algo mais pessoal que esteja em sua mesa.

Passo 3: Foco visual

Inicie a prática focando visualmente o objeto. Observe-o como se fosse a primeira vez que o estivesse vendo. Note as cores, formas, e qualquer peculiaridade ou detalhe que normalmente não perceberia.

Passo 4: Estímulo tátil

Toque o objeto. Sinta a textura, temperatura e peso. Feche os olhos se isso ajudar a intensificar a percepção tátil. Reconheça se a superfície é lisa, áspera, fria ou quente.

Passo 5: Estímulo auditivo

Segure o objeto próximo ao ouvido e mova-o, se possível. Escute os sons que ele produz. Pode ser o clique de uma caneta, o som do papel sendo manuseado, ou o silêncio que segue sua imobilidade.

Passo 6: Estímulo olfativo

Cheire o objeto. Embora muitos objetos comuns não emitam odores fortes, concentre-se para identificar qualquer aroma sutil que possam liberar.

Passo 7: Estímulo gustativo

Embora esta etapa seja mais desafiadora em um ambiente de escritório com objetos não comestíveis, você pode aplicá-la durante uma refeição ou ao tomar um café. Concentre-se no sabor da comida ou bebida, percebendo as nuances que geralmente passam despercebidas.

Passo 8: Reflexão e consciência

Depois de passar pelos cinco sentidos, reserve um momento para refletir sobre a experiência. Perceba como a mente pode ter se afastado de preocupações anteriores e como você se sente mais presente e centrado.

Passo 9: Transição suave

Encerre a prática reconhecendo a importância de cada momento de atenção plena. Esta técnica dos "5 Sentidos" ajuda a combater a dispersão mental, enriquece a percepção sensorial e aprofunda a conexão com o ambiente imediato, vital para a saúde mental e eficácia profissional no direito.

G. Autocompaixão na advocacia

Antes de iniciar qualquer prática, é importante que o advogado tome um momento para se conectar consigo mesmo, especialmente após um dia desafiador ou uma situação estressante. Esse primeiro passo envolve o reconhecimento das emoções presentes sem julgamento. Por exemplo, após uma audiência particularmente difícil, em que talvez você tenha se sentido inadequado ou sobrecarregado, permita-se reconhecer essa sensação. "Estou me sentindo frustrado e isso é uma resposta natural ao estresse do momento."

Passo a passo

Passo 1: Respiração compassiva
Utilize a respiração como uma ponte entre reconhecer seus sentimentos e oferecer a si mesmo a compaixão que você merece. A respiração consciente ajuda a centrar a mente e acalmar o corpo. Respire profundamente, inspirando calma e expirando tensão. Imagine cada inalação trazendo paz para o corpo e cada exalação liberando a pressão e o estresse.

Passo 2: Diálogo interno positivo
Adote um diálogo interno que reflete compreensão e cuidado próprio, utilizando frases compassivas que respondam às suas necessidades emocionais atuais. Utilize afirmações como: "Que eu encontre equilíbrio" ou "Que eu me permita sentir e aprender com essa experiência". Evite frases que reforcem a pressão, como "Devo ser perfeito" ou "Não posso falhar".

Passo 3: Visualização

Visualize-se recebendo apoio de mentores, colegas ou familiares. Imagine-os ao seu redor, oferecendo palavras de encorajamento e reconhecimento de suas lutas e esforços. Por exemplo: visualize uma sala de conferências onde colegas que respeita estão discutindo um caso com você, cada um expressando respeito e admiração pela sua dedicação e resiliência.

Passo 4: Acolhimento e autoafirmação

Conclua a prática reafirmando seu valor não apenas como profissional, mas como pessoa. Reconheça suas qualidades e reforce sua autoestima com afirmações que celebram suas conquistas e qualidades humanas. Utilize afirmações como: "Sou um advogado competente e um ser humano digno de respeito e cuidado. Mereço tempo para cuidar de mim mesmo."

Incorporar essa prática de autocompaixão pode começar com pequenos momentos ao longo do dia. Por exemplo, antes de começar a trabalhar, reserve cinco minutos para meditar ou refletir, após interações desafiadoras, faça uma breve pausa para respirar e se reafirmar. No final do dia, reflita sobre os momentos em que aplicou a autocompaixão e reconheça o impacto positivo em seu bem-estar e desempenho profissional.

A autocompaixão na advocacia não é um luxo, mas uma necessidade para sustentar uma longa e saudável carreira jurídica. Ao aprender a ser mais gentil consigo mesmo, o advogado não apenas melhora sua própria saúde mental e emocional, mas também se torna um profissional mais empático e eficaz.

H. Prática da gratidão no ambiente jurídico

A gratidão é mais do que um sentimento, é uma prática poderosa que pode transformar nossa percepção do dia a dia, especialmente em profissões de alta pressão como a advocacia. Ao cultivarmos a gratidão, começamos a enxergar nossas rotinas, desafios e interações sob uma nova luz, o que pode significativamente aumentar nossa satisfação profissional e pessoal. Essa prática enriquece a experiência individual do advogado e fomenta um ambiente de trabalho mais positivo e colaborativo.

Passo a passo

Passo 1: Preparação diária

Antes de começar o dia de trabalho, dedique alguns minutos para se centrar na prática da gratidão. Esse é um momento para refletir calmamente antes de se envolver nas atividades diárias. Ao chegar ao escritório, antes de ligar o computador ou abrir arquivos, sente-se tranquilamente com uma agenda ou bloco de notas.

Passo 2: Registro de gratidão

Anote três coisas pelas quais você é grato naquele dia. Pode ser algo tão simples quanto uma boa xícara de café ou tão significativo quanto o apoio de um colega. Por exemplo: "Sou grato por ter clientes que confiam no meu trabalho, por meu escritório estar próximo a um parque onde posso caminhar, e pela minha saúde que me permite enfrentar os desafios diários."

Passo 3: Metas de gentileza

Além de reconhecer as coisas boas, proponha realizar diariamente um ato de generosidade no escritório. Este ato pode ser planejado ou espontâneo, grande ou pequeno. Você pode decidir por exemplo, que hoje vai elogiar um colega pelo excelente trabalho em um caso ou oferecer ajuda a alguém que parece estar sobrecarregado.

Passo 4: Reflexão

No fim do dia, reserve um momento para refletir sobre os impactos da gratidão e da gentileza em seu dia. Avalie o que funcionou bem e o que poderia ser melhorado. Por exemplo: "Hoje, ao expressar gratidão, senti uma maior apreciação pelo meu ambiente de trabalho. O elogio que dei ao meu colega não só melhorou seu dia, mas também fortaleceu nossa relação de trabalho".

A chave para colher os benefícios completos dessa prática está na consistência. Comprometa-se a fazer desse exercício um hábito diário e observe as transformações ao longo do tempo. Mantenha um diário de gratidão e reveja mensalmente os progressos e descobertas. Isso reforça a prática e ajuda a ver o crescimento pessoal e profissional ao longo do tempo.

Incorporar a prática da gratidão e da gentileza na rotina jurídica é uma estratégia eficaz para melhorar a saúde mental e emocional do advogado, além de criar um ambiente de trabalho mais amigável e cooperativo. Ao iniciarem o dia com gratidão e intencionar atos de gentileza, os advogados podem cultivar relações mais fortes e um espírito de equipe mais colaborativo, essenciais para enfrentar os desafios da profissão com maior equilíbrio e satisfação.

I. *Body scan* para advogados

O *body scan*, ou escaneamento corporal, é uma técnica de *mindfulness* que permite aos praticantes se conectarem profundamente com seu próprio corpo, identificando e liberando tensões e desconfortos acumulados. Para advogados, cuja profissão muitas vezes envolve longas horas de trabalho mental intenso e estresse, essa prática pode ser uma ferramenta valiosa para manter o equilíbrio e a saúde física e mental.

Passo a passo

Passo 1: Preparação do ambiente

Ao chegar em casa do escritório, prepare um ambiente tranquilo onde você possa praticar sem interrupções. Isso pode incluir um espaço silencioso, uma luz suave e, se desejar, uma música relaxante ou sons da natureza ao fundo para facilitar a desconexão e a concentração. Escolha um local onde possa deitar-se confortavelmente no chão ou numa cama. Coloque uma música suave e certifique-se de que não será interrompido.

Passo 2: Posição inicial

Deite-se de costas em uma superfície plana, com os braços ao lado do corpo e as palmas voltadas para cima. Se necessário, use a "postura do astronauta", que alivia a pressão na coluna lombar, especialmente após um dia sentado em uma cadeira de escritório.

A "postura do astronauta", é uma posição que pode ser usada durante a prática, especialmente recomendada para quem enfrenta desconforto nas costas ou quer uma alternativa para relaxar de forma mais eficaz. Na postura do astronauta, a pessoa se deita de costas no chão, com os joelhos dobrados e os pés apoiados em uma superfície elevada, como uma cadeira. Essa posição ajuda a aliviar a tensão na lombar, pois permite que a coluna fique numa posição neutra e relaxada, facilitando também a respiração profunda.

Essa postura é benéfica porque reduz a pressão sobre a coluna vertebral, o que é particularmente útil após longos períodos sentado ou em pé. É chamada de "postura do astronauta" porque imita a maneira como os astronautas dormem no espaço, ou seja, em um ambiente de microgravidade onde é importante manter o corpo estável e alinhado para evitar desconfortos e garantir um descanso adequado.

Passo 3: Foco na respiração

Antes de começar o *body scan*, dedique alguns minutos para focar-se na respiração, observando a expansão e contração do abdômen e peito, o que ajuda a acalmar a mente e prepara o corpo para a prática. Respire profundamente, contando lentamente até quatro ao inspirar, segure a respiração por dois segundos e expire contando até quatro.

Passo 4: Escaneamento corporal

Decida se começará a varredura pela cabeça ou pelos pés. Para advogados que passam muitas horas sentados, começar pelos pés pode ajudar a reconectar-se com as partes do corpo frequentemente ignoradas durante o dia.

Comece focalizando o dedão do pé esquerdo, sinta qualquer sensação presente, como calor, frio, tensão ou relaxamento. Gradualmente, mova sua atenção para cima pelo corpo, passando pelas pernas, quadris, tórax, braços e até o topo da cabeça.

Passo 5: Reconhecimento e liberação de tensões

Ao identificar áreas de tensão, imagine que sua respiração pode fluir para esses locais, trazendo relaxamento e alívio a cada expiração. Por exemplo, se detectar tensão nos ombros, imagine que está respirando diretamente para essa área, suavizando a tensão com cada respiração.

Passo 9: Transição suave

Após completar a varredura de todo o corpo, tome um momento para sentir o corpo como um todo, reconhecendo qualquer sensação de calma ou relaxamento. Faça algumas respirações profundas, movimente gentilmente os dedos das mãos e pés e estique-se lentamente antes de se levantar.

Implementar regularmente o *body Scan* após um dia de trabalho ajuda a reduzir o acúmulo de estresse e a melhorar a qualidade do sono, contribuindo para um melhor desempenho profissional e uma maior qualidade de vida. Essa prática não apenas alivia o corpo físico, como também oferece uma oportunidade valiosa para cultivar uma mente mais atenta e presente, habilidades essenciais para a prática jurídica eficaz e consciente.

Cada uma dessas práticas é uma ferramenta valiosa para o desenvolvimento pessoal e profissional, ajudando não apenas a lidar com o estresse, mas também a cultivar um ambiente de trabalho mais harmonioso e produtivo. Ao adotarem essas técnicas, os advogados podem esperar uma melhoria em sua saúde mental, além de um impacto positivo em sua capacidade de advocacia.

J. Prática de observação de pensamentos e emoções

Na rotina agitada da advocacia, é comum que advogados se vejam constantemente reagindo a estímulos externos, pressões e expectativas. A prática de observar pensamentos e emoções sem julgamento, uma técnica central em *mindfulness*, oferece uma ferramenta valiosa para desenvolver uma resposta mais calma e controlada aos desafios diários. Além de ajudar a reduzir o estresse e a ansiedade, também melhora a capacidade de tomar decisões de maneira ponderada e racional.

Passo a passo

Passo 1: Preparação
Encontre um local tranquilo onde você possa sentar-se sem ser interrompido. Isso pode ser em sua casa, em uma sala silenciosa no escritório, ou até mesmo em um parque. Sente-se em uma cadeira ou no chão com uma almofada, mantendo a coluna ereta mas sem rigidez. Permita que suas mãos repousem confortavelmente sobre as coxas e feche os olhos.

Passo 2: Focalização inicial na respiração

Antes de começar a observar seus pensamentos e emoções, dedique alguns minutos para concentrar-se em sua respiração. Isso ajudará a acalmar a mente e preparar o terreno para uma observação mais clara. Observe o fluxo natural da sua respiração, sentindo o ar entrando e saindo pelas narinas, e o movimento do peito e do abdômen.

Passo 3: Observação dos pensamentos

Com a mente mais calma, comece a notar os pensamentos que surgem espontaneamente. Veja-os como se fossem um filme passando em uma tela. Perceba como os pensamentos aparecem e desaparecem. Eles podem vir na forma de palavras, imagens ou memórias. Observe sem tentar controlar, parar ou julgar esses pensamentos.

Passo 4: Observação das emoções

À medida que observa seus pensamentos, note também as emoções que eles podem evocar. Pode ser uma reação a uma lembrança do dia ou uma preocupação sobre o futuro. Se sentir ansiedade, raiva ou alegria, simplesmente reconheça a emoção. Diga para si mesmo, por exemplo, "Isso é ansiedade" e continue observando sem se envolver.

Passo 5: Retorno à respiração

Sempre que se sentir distraído ou sobrecarregado pelas emoções ou pensamentos, gentilmente traga sua atenção de volta à respiração. Isso serve como um "reset" em sua prática, ajudando a manter a atenção centrada e a mente tranquila.

Passo 6: Conclusão da prática

Após cerca de 10-15 minutos, ou o tempo que tiver disponível, finalize sua sessão gradualmente. Tome consciência de seu corpo e do espaço ao seu redor. Mova-se lentamente antes de abrir os olhos. Faça um pequeno alongamento ou simplesmente sente-se por alguns momentos apreciando a sensação de calma.

Implementar essa prática regularmente pode ajudar advogados a desenvolverem maior controle sobre suas reações emocionais, especialmente útil em situações de alta pressão, como durante negociações ou litígios. A habilidade de observar pensamentos e emoções sem reagir imediatamente permite uma abordagem mais estratégica e eficaz na resolução de problemas, conduzindo a melhores resultados profissionais e a uma saúde mental aprimorada.

10.3 Convite à jornada da Advocacia Consciente

Neste capítulo, exploramos diversas práticas de *mindfulness* e compaixão que acredito terem o potencial de transformar significativamente a maneira como nós, advogados, enfrentamos os desafios do dia a dia. Desde a pausa consciente, autocompaixão até a observação não julgadora de pensamentos e emoções, cada prática oferece ferramentas essenciais para desenvolver uma maior resiliência e uma resposta mais serena e controlada diante das adversidades.

No ambiente acelerado e muitas vezes estressante da nossa profissão, aprender a manter a calma e a clareza mental é fundamental. Essas habilidades não apenas melhoram nosso bem-estar individual, mas também aprimoram nossa eficácia profissional, permitindo decisões mais ponderadas e uma maior empatia nas relações interpessoais.

A importância de incorporar essas técnicas em nosso cotidiano jurídico não pode ser subestimada, e é por isso que enfatizo:

> **UMA GOTA DE PRÁTICA VALE MAIS DO QUE UM OCEANO DE TEORIA**

Encorajo você, leitor, a não apenas ler sobre essas práticas, mas a incorporá-las em sua rotina. Experimente-as após um dia desafiador no escritório, como parte de sua preparação para o dia, ou até mesmo em pequenos momentos de pausa. Cada pequeno passo na prática diária constrói uma fundação mais sólida para enfrentar as tempestades do cotidiano jurídico com equilíbrio e serenidade.

Agradeço sinceramente por acompanhar até aqui e espero que as práticas detalhadas neste capítulo sirvam como valiosos recursos em sua jornada para uma advocacia mais leve, consciente e sustentável. Continue praticando, continue aprendendo e, mais importante, continue a expandir tanto profissional quanto pessoalmente.

Lembro a você que não está sozinho nesta jornada. Somos muitos, todos nós, advogados conscientes, caminhando juntos rumo a uma nova era da prática jurídica. E, ao mesmo tempo, cada um de nós é uma parte única e essencial desse movimento. O próximo passo é encontrar uma comunidade de pessoas que compartilhem dos mesmos valores e que possam te apoiar e te desafiar a continuar crescendo. Essas comunidades existem, e estão prontas para te acolher. Seja em cursos, *workshops*, grupos de estudo, fóruns *online* ou encontros informais, existem inúmeras oportunidades para você se conectar com outros advogados conscientes.

Por último, mas certamente não menos importante, lembre-se de que a transformação pessoal é a base para a transformação coletiva. Cada passo que você dá em direção à Advocacia Consciente, cada mudança que você faz em sua vida e em sua prática, contribui para a criação de uma nova cultura na advocacia. Uma cultura que valoriza o bem-estar, o equilíbrio emocional, a compaixão, a colaboração e a integridade.

Então, eu te convido a se juntar a nós nesse processo. A jornada para a construção de uma nova advocacia, uma advocacia que nutre a sua alma e que faz a diferença no mundo. Uma advocacia que respeita e valoriza você, como ser humano integral, e que te permite ser o advogado que você sempre quis ser.

E, enquanto você dá os primeiros passos nesta jornada, lembre-se: **a Advocacia Consciente não é um destino, mas uma forma de caminhar.** Não é um lugar aonde você chega, mas a forma como percorre a jornada. E cada passo, por menor que seja, conta. Cada passo é uma oportunidade para você se tornar mais consciente, mais presente e mais alinhado com quem você realmente é.

Este é o desafio que a Advocacia Consciente apresenta: a oportunidade de redefinir o que significa ser um advogado, de se reconectar com o seu propósito, de transformar a sua prática e, ao fazê-lo, de transformar a si mesmo.

Então, eu te pergunto: está pronto para embarcar nesta jornada? Está pronto para se juntar a nós na construção de uma nova advocacia?

Se a sua resposta for sim, então eu lhe digo: bem-vindo à Advocacia Consciente. Bem-vindo ao futuro da prática jurídica. E, acima de tudo, bem-vindo a uma nova forma de viver e praticar a advocacia. Uma forma que honra a sua integralidade, que valoriza a sua saúde e bem-estar, e que lhe permite fazer a diferença no mundo.

Espero que este livro seja uma fonte de inspiração e orientação para você, enquanto você embarca nesta jornada. E lembre-se: a Advocacia Consciente não é apenas sobre o que você faz, mas sobre quem você é. E quem você é, é suficiente.

Então, respire fundo, abrace a incerteza e dê o primeiro passo. A jornada para a Advocacia Consciente começa agora. E eu estou emocionada.

SAÚDE MENTAL É DIREITO DE TODA TRABALHADORA E DE TODO TRABALHADOR

A seguir, apresento os comentários da deputada Maria Arraes, que nos oferece uma visão exclusiva sobre a lei que visa promover a saúde mental nas empresas brasileiras. Nesse ponto, é fundamental reconhecer os esforços legislativos que buscam transformar o ambiente de trabalho em todo o país. A Lei que institui o **Certificado Empresa Promotora da Saúde Mental**, aprovada em março de 2024 e apresentada pela deputada, representa um marco histórico para o Brasil. Como advogados, compreendemos que a regulamentação dessa lei pode enfrentar períodos de espera e complexidades inerentes ao processo legislativo. No entanto, este é um momento de celebração e otimismo, pois já delineia o primeiro passo para transformações significativas que beneficiarão inúmeros profissionais. Maria Arraes, que também é advogada, gentilmente aceitou meu convite para compartilhar neste livro suas ideias e as motivações que a levaram a lutar pela aprovação dessa lei, oferecendo uma perspectiva única e valiosa sobre este avanço legislativo.

Por Maria Arraes, deputada federal (SD-PE), autora da Lei nº 14.831/2024, sancionada em março de 2024, que institui o Certificado Empresa Promotora da Saúde Mental

A conexão entre a saúde mental e o desempenho profissional com qualidade e bem-estar é uma verdade incontestável no ambiente de trabalho contemporâneo. No entanto, como advogada de formação e deputada federal, percebi que a legislação em vigor falha em abordar adequadamente os desafios enfrentados para garantir condições laborais saudáveis a profissionais de diversas áreas, incluindo os de Direito.

Da minha experiência pessoal em escritórios de advocacia, lembro de presenciar colegas lutando em silêncio contra o estresse e a ansiedade advindos de uma pressão extrema.

Sabemos que a área jurídica é marcada por uma intensa carga emocional e psicológica. Advogados frequentemente se deparam com situações e casos complexos, lidando com expectativas e conflitos de seus clientes. Como se não bastasse, uma cultura de trabalho tóxica, com exigência de resultados rápidos e o incentivo à constante competição, levam a um cenário em que o sucesso profissional é supervalorizado, em detrimento da saúde e do bem-estar pessoal.

Nas escutas que faço com representantes de vários setores, seja no gabinete de Brasília, seja no do Recife ou em viagens por todas as regiões de Pernambuco, os relatos sobre problemas psíquicos no cenário corporativo também têm sido recorrentes.

Observando as estatísticas, é inegável o impacto devastador que a falta de políticas adequadas de saúde mental pode ter sobre as pessoas. Em 2023, houve um aumento alarmante de 38% nos afastamentos do trabalho devido a transtornos mentais[59].

Mais de 288.865 benefícios por incapacidade foram concedidos pelo Ministério da Previdência Social em 2023, refletindo uma alta significativa comparado a 2022, que registrou 209.124 casos. Ampliando a análise, em uma janela de 15 anos, o número de trabalhadores afetados mais que triplicou, em consequência também dos efeitos atrozes da pandemia da covid-19.

Pesquisa do ADP Research Institute revela que 67% dos trabalhadores no Brasil sentem que seu trabalho é influenciado pelo estresse, e 31% reportam impactos diretos na sua saúde mental[60]. Tais condições são exacerbadas por fatores como o *bullying*, assédio psicológico, ameaça constante de desemprego, jornadas de trabalho inflexíveis e suporte inadequado.

O estresse laboral ainda tem repercussões diretas e severas sobre a saúde física. Transtornos mentais incapacitam temporariamente e podem levar a condições crônicas, afetando a capacidade de trabalho a longo prazo e comprometendo a qualidade de vida.

Na seara jurídica, não é diferente. Entre 2012 e 2018, 30% dos advogados brasileiros foram afastados pelo INSS devido a transtornos mentais ou comportamentais[61], o que representava a principal causa de afastamento na categoria.

Mais do que dados frios, os números representam vidas, histórias e dificuldades diárias enfrentadas pelas trabalhadoras e pelos trabalhadores. Também destacam uma crise de saúde mental que não pode mais ser ignorada, exigindo uma resposta legislativa abrangente e inclusiva.

O crescente reconhecimento global de que a saúde mental é um dos maiores desafios de saúde pública do século XXI, conforme destacado pela Organização Mundial da Saúde, só reforça a necessidade de ações focadas.

É preciso alinhar os interesses de saúde pública com os direitos humanos e os objetivos de desenvolvimento sustentável.

Na nossa era digital e globalizada, em que as fronteiras entre trabalho e vida pessoal são cada vez mais tênues, torna-se fundamental implementar políticas que promovam equilíbrio, prevenindo o adoecimento e promovendo um ambiente de trabalho sustentável.

Foi essa urgência social, aliada a uma visão estratégica de longo prazo sobre a saúde mental no ambiente de trabalho no Brasil, que deu origem à Lei n° 14.831/2024, de autoria do nosso mandato.

Ao instituir o Certificado Empresa Promotora da Saúde Mental, esse marco legal estabelece um novo paradigma para o bem-estar no cenário corporativo e, por extensão, em toda a sociedade.

A lei parte do entendimento de que a jornada diária de um trabalhador não pode ser encarada apenas como uma troca de tempo por remuneração, mas uma experiência que impacta profundamente sua saúde geral.

A pressão por produtividade, combinada com a falta de suporte adequado em muitos locais de trabalho, cria uma tempestade perfeita para o desenvolvimento de transtornos mentais.

Assim, a Lei n° 14.831/2024 representa uma mudança esperançosa e necessária para os trabalhadores, ao propor um ambiente laboral mais saudável e justo. Isso vai além de prevenir enfermidades. Trata-se de criar um espaço de respeito e dignidade, em que cada pessoa pode se sentir valorizada e apoiada.

A legislação também incentiva a transparência e a responsabilidade das empresas em suas práticas de saúde mental, exigindo que divulguem suas iniciativas e resultados. Dessa forma, busca promover uma cultura de abertura e responsabilidade, em que as organizações não apenas implementem políticas de saúde mental como uma formalidade, mas como um compromisso genuíno com seus funcionários.

Para trabalhadoras e trabalhadores, a implementação efetiva da lei pode significar um ambiente laboral mais acolhedor e menos estressante, no qual o bem-estar é prioritário. Aqueles que necessitarem devem encontrar suporte em momentos de necessidade.

Do ponto de vista da advocacia, em particular, vejo essa lei como uma oportunidade de reformar uma profissão que é vital para a nossa sociedade, mas que tem sido historicamente negligenciada em termos de cuidado com a saúde mental de seus membros.

Pela sua própria natureza, a área jurídica demanda uma forte inteligência emocional para evitar a internalização de problemas de terceiros. No entanto, é também um campo marcado por pressões extremas, em que os funcionários são incentivados a assumir papéis de "sócios" com cargas horárias e responsabilidades excessivas, sem que a remuneração acompanhe esse aumento de demandas.

Isso cria um ambiente em que o estresse e o esgotamento são comuns, levando muitos advogados a deixarem a profissão. O caso do estagiário[62] de um escritório de São Paulo que se jogou da janela em pleno expediente é um alerta urgente das consequências que essa pressão pode ter.

A Lei nº 14.831/2024, portanto, não apenas atende a uma necessidade geral de melhores políticas de saúde mental no trabalho, mas também oferece um modelo que pode ser particularmente benéfico para a advocacia. Ao promovermos um ambiente de trabalho que valoriza a saúde mental, temos a chance de melhorar a qualidade de vida dos advogados e de fortalecer a profissão em si.

Os ganhos não são apenas para os trabalhadores. Para as empresas, a implementação de práticas promotoras de saúde mental pode resultar em um ambiente de trabalho mais positivo, com funcionários mais engajados, aumento da produtividade e redução de custos com afastamentos e tratamentos médicos.

Segundo o Fórum Econômico Mundial, a saúde mental gera um custo global de cerca de US$ 6,6 trilhões, considerando despesas médicas, perdas por absenteísmo e aposentadorias precoces. Especificamente no Brasil, essas perdas representam quase 5% do Produto Interno Bruto (PIB)[63].

Por outro lado, o estudo[64] Panorama do Bem-Estar Corporativo, conduzido pelo Gympass, aponta que 97% das empresas no Brasil que investiram em programas de bem-estar tiveram retorno positivo. A pesquisa revela que as organizações não podem mais separar o desempenho de seus negócios do bem-estar de suas equipes. Essa é uma questão de diferencial competitivo, para atrair e reter mais talentos, assim como conquistar clientes que valorizam práticas corporativas responsáveis.

É imperativo, portanto, que se reconheça a saúde mental como um direito fundamental da trabalhadora e do trabalhador. Trata-se tanto de uma necessidade ética e de saúde pública, como de uma estratégia economicamente inteligente.

Em um contexto mais amplo, a sociedade tende a se beneficiar de uma mudança na maneira como os transtornos mentais são percebidos e tratados. Promover a saúde mental como uma questão de interesse público pode levar a uma redução do estigma associado a essas condições.

Essa nova realidade pode ajudar a quebrar o ciclo de estresse e esgotamento que afeta muitos trabalhadores atualmente.

A lei é apenas o começo de um caminho que requer o envolvimento ativo de todos os setores da sociedade para que seus benefícios sejam plenamente realizados.

No entanto, não foi fácil chegar até aqui. Da perspectiva legal, a primeira barreira que precisamos transcender foi a do próprio processo legislativo. A tramitação completa de uma lei no Congresso pode ser bem demorada, muitas vezes, levando anos e até décadas para ser finalizada. No entanto, há instrumentos que, juntamente ao diálogo com os pares, possibilitam acelerarmos o trâmite. Optamos por apresentar um requerimento de urgência e, para tanto, o Regimento Interno exige a assinatura de líderes partidários que representam 257 deputados e deputadas em apoio.

Para conseguirmos essa adesão, realizamos uma série de reuniões e observamos a imediata aceitação dos líderes sobre a relevância do tema. Após o protocolo do requerimento, o novo desafio era conseguir que ele entrasse na Ordem do Dia, a pauta do Plenário, e ao mesmo tempo garantir a manutenção do apoio para a votação.

Entende-se que há um grande número de matérias tramitando sobre diversos assuntos na Câmara dos Deputados e conseguir pautar um tema exigiu um trabalho intenso na sensibilização dos colegas parlamentares sobre a importância estratégica da saúde mental, tanto do ponto de vista humano e de saúde pública quanto do aspecto econômico.

O requerimento de urgência felizmente foi pautado e aprovado e então convidamos a Deputada Laura Carneiro que prontamente se somou aos nossos esforços, relatando o projeto de maneira brilhante.

Atuar no Senado Federal foi um desafio à parte. Isso porque, apesar de próximas, cada Casa do Congresso tem seu trâmite e regimento. Contamos com o engajamento da senadora Jussara Lima (PSD-PI), relatora do projeto, e conseguimos apoio para mais uma urgência, desta vez no Plenário do Senado Federal. Aprovado, o Projeto seguiu para o Poder Executivo e, no dia 28 de março de 2024, a lei foi finalmente sancionada pelo presidente Lula.

Ao final, garantimos que a proposta fosse apreciada com a rapidez que o tema demandava, resultando em uma aprovação acelerada que também reflete o reconhecimento, por parte dos meus pares, da necessidade de ação imediata.

Após a sanção da Lei nº 14.831/2024, uma série de etapas essenciais deve ser seguida para garantir que a nova legislação seja implementada efetivamente e alcance seus objetivos de promover a saúde mental nas empresas brasileiras. A principal missão agora é assegurar que os mecanismos estabelecidos pela lei sejam colocados em prática de forma que realmente beneficiem as trabalhadoras e os trabalhadores e transformem positivamente os locais de trabalho.

Para isso, é necessário que o Poder Executivo regulamente a lei. Esse processo envolve a definição de diretrizes detalhadas que explicam como a legislação será aplicada na prática.

A regulamentação definirá os procedimentos para a concessão, a revisão e a renovação do Certificado, de acordo com processos de monitoramento e avaliação.

Além disso, será vital trabalhar em conjunto com entidades do setor privado e instituições de saúde para promover a conscientização sobre as vantagens de investir em saúde mental. Isso inclui campanhas educativas e *workshops* que ajudem as empresas a compreenderem e implementarem as mudanças necessárias.

A lei estabelece que uma comissão certificadora, nomeada pelo Governo Federal, será responsável por analisar e aprovar as empresas que se candidatam ao certificado. A formação dessa comissão é outra etapa importantíssima. Deve ser cumprida com cuidado para assegurar que seja composta por profissionais qualificados, incluindo especialistas em saúde mental e direitos trabalhistas, por exemplo.

A comissão avaliará a aplicação da lei e também garantirá que as práticas de saúde mental das empresas estejam em conformidade com os altos padrões exigidos pela legislação.

Uma vez regulamentada a lei e estabelecida a comissão, o próximo passo é a implementação prática nas empresas. Isso inclui a adoção de programas de saúde mental, a formação e capacitação para lideranças e a criação de campanhas de conscientização.

Importante também é o estabelecimento de mecanismos de monitoramento contínuo e avaliação dos programas implementados para garantir que sejam eficazes e para ajustar estratégias conforme necessário. Esse monitoramento ajudará a identificar as áreas de sucesso e as lacunas nas quais melhorias são necessárias.

O certificado tem uma validade de dois anos, após os quais as empresas precisam passar por uma nova avaliação. O processo de renovação incentiva as empresas a manterem e melhorarem continuamente suas práticas.

Garante também que o compromisso com a saúde mental seja duradouro e não apenas uma medida temporária para ganhar reconhecimento.

Espero que a Lei nº 14.831/2024 represente um marco decisivo na forma como abordamos a saúde mental em todos os setores da sociedade brasileira. Com essa nova legislação, desejamos fomentar um movimento em que a saúde mental deixe de ser um tabu e se torne uma prioridade absoluta dentro das políticas corporativas e de saúde pública.

É necessário combater o estigma e a discriminação, promover a educação e a conscientização, além de criar uma rede de apoio eficaz para aqueles que precisam de cuidados.

Estou comprometida em continuar trabalhando para garantir que essa legislação funcione de fato como ponto de partida para uma verdadeira transformação cultural e estrutural na promoção da saúde mental no Brasil.

Notas de fim

1. BBC NEWS BRASIL. Por que Brasil tem maior número de advogados por habitantes do mundo, 2023. Disponível em: https://www.bbc.com/portuguese/articles/cl52ql8y1jgo. Acesso em: 10 ago. 2023.

2. CLIFTON, J. Blind spot: the global rise of unhappiness and how leaders missed it. Omaha, NE: Gallup Press, 2002.

3. VAN VOOREN, J. N.; ALFINI, J. J. A. Is there a solution to the problem of lawyer stress: the law school perspective. Journal of Law and Health, v. 10, p. 61, 1995.

4. BECK, C. J. A.; SALES, B. D.; BENJAMIN, G. A. H. Lawyer distress: alcohol-related problems and other psychological concerns among a sample of practicing lawyers, 10 J.L. & Health 1 (1995-1996)

5. SUSSMAN, S. Workaholism: a review. Journal of Addiction Research & Therapy, Suppl 6(1), 4120, 2012. Disponível em: https://doi.org/10.4172/2155-6105.S6-001. Acesso em: 9 abr. 2025.

6. D'SOUZA, Steven. Don't get surprised by burnout. Harvard Business Review, [S.l.], 17 jun. 2016. Disponível em: https://hbr.org/2016/06/dont-get-surprised-by-burnout. Acesso em: 9 abr. 2025.

7. TALEB, N.N. Antifrágil: coisas que se beneficiam com o caos. Tradução de Renato Marques. 1. ed. Rio de Janeiro: Objetiva, 2020.

8   KABAT-ZINN, J. Full catastrophe living: using the wisdom of your body and mind to face stress, pain, and illness. New York: Delta, 1990.

9   CAMPAYO, J. G.; DEMARZO, M. M. P. ¿Qué sabemos del mindfulness?. Barcelona: Editorial Kairós, 2018.

10 GOLEMAN, D. Inteligência emocional: a teoria revolucionária que redefine o que é ser inteligente. Rio de Janeiro: Objetiva, 2012, 383 p.

11 KABAT-ZINN, J. Mindfulness-based interventions in context: past, present, and future. 2003.

12 COSENZA, R. M. Neurociência e mindfulness: meditação, equilíbrio emocional e redução do estresse. Artmed Editora, 2021.

13 DISC MARSTON. Le modèle DISC. Disponível em: https://www.disc-marston.com/. Acesso em: 9 abr. 2025.

14 ALLEN, J. G.; ROMATE, J. E.; RAJKUMAR, E. Mindfulness-based positive psychology interventions: a systematic review. *BMC Psychology*, 9, 2021.

15 SEEAR, K. H.; VELLA-BRODRICK, D. A. Efficacy of positive psychology interventions to increase well-being: examining the role of dispositional mindfulness. Soc Indic Res 114, 1125–1141, 2013. Disponível em: https://doi.org/10.1007/s11205-012-0193-7. Acesso em: 09 abr. 2025.

16 IVTZAN, I.; YOUNG, T.; MARTMAN, J. *et al.* Integrating mindfulness into positive psychology: a randomised controlled trial of an online positive mindfulness program. Mindfulness 7, 1396–1407, 2016. Disponível em: https://doi.org/10.1007/s12671-016-0581-1. Acesso em: 09 abr. 2025.

17 GOTINK, R. A.; HERMANS, K. S. F. M.; GESCHWIND, N.; NOOIJ, R.; DE GROOT, W. T.; SPECKENS, A. E. M. Mindfulness and mood stimulate each other in an upward spiral: A mindful walking intervention using experience sampling. *Mindfulness*, 7(5), 1114–1122, 2016. Disponível em: https://doi.org/10.1007/s12671-016-0550-8. Acesso em: 09 abr. 2025.

18 COSTA, M. F. A. A.; FERREIRA, M. C. Sources and reactions to stress in Brazilian lawyers. Paidéia (Ribeirão Preto), Ribeirão Preto, v. 24, n. 57, p. 49-56, Apr. 2014. Disponível em: https://goo.gl/du9Jco. Acesso em: 19 set. 2018.

19 GOH, J.; PFEFFER, J.; ZENIOS, S. A. Workplace stressors & health outcomes: health policy for the workplace. Behavioral Science & Policy, 1(1), 43–52, 2015.

20 TALEB, N. N. Antifragile: things that gain from disorder. Random House, 2012.

21 TALEB, N. N. Antifragile: things that gain from disorder. Random House, 2012.

22 MUNOZ, A.; BILLSBERRY, J.; AMBROSINI, V. Resilience, robustness, and antifragility: towards an appreciation of distinct organizational responses to adversity. International Journal of Management Reviews, 24(1), 181-187, 2022. Disponível em: doi: 10.1111/ijmr.12289. Acesso em: 09 abr. 2025.

23 SIMON-THOMAS, E. R. The four keys to happiness at work. Greater Good Science Center, UC Berkeley, 29 ago. 2018. Disponível em: https://greatergood.berkeley.edu/article/item/the_four_keys_to_happiness_at_work. Acesso em: 09 abr. 2025.

24 SELIGMAN, M. Authentic happiness: using the new positive psychology to realize your potential for lasting fulfillment. London, England: Nicholas Brealey, 2003.

25 CSIKSZENTMIHALYI, M. Flow: the classic work on how to achieve happiness. Edição ilustrada, reimpressão, revisada. Rider, 2002.

26 DECI, E. L.; Ryan, R. M. Intrinsic motivation and self-determination in human behavior. New York, NY: Plenum Press, 1985.

27 ISEN, A. A role for neuropsychology in understanding the facilitating influence of positive affect on social behaviour and cognitive affect. *In*: SNYDER, C. R.; LOPEZ, S. J. (org.). Handbook of positive psychology (pp. 528-540). Oxford, England: Oxford University Press, 2005.

28 HEFFERON, K. Positive psychology and the body: the somatopsychic side to flourishing. Oxford, England: McGraw-Hill, 2013.

29 LEWIS, S. How positive psychology and appreciative inquiry can help leaders create healthy workplaces. In: Biron, C.;BURKE, R. Burke; COOPER, C. (org.), Creating healthy workplaces. Farnham, England: Gower, 2014.

30 GITTELL, J.; CAMERON, K.; LIM, S. Relationships, layoffs and organizational resilience: airline industry responses to September 11th. Journal of Applied Behavioral Science, 42, 300–329, 2006.

31 DWECK, C. S. Mindset : a nova psicologia do sucesso. 7. ed. 2017.

32 PORTER, K. M. The mental athlete. Human Kinetics, 2003.

33 GARLAND, E. L.; FREDRICKSON, B.; KRING, A. M.; JOHNSON, D. P.; MEYER, P. S.; PENN, D. L. Upward spirals of positive emotions counter downward spirals of negativity: insights from the

broaden-and-build theory and affective neuroscience on the treatment of emotion dysfunctions and deficits in psychopathology. Clinical Psychology Review, v. 30, n. 7, p. 849-864, 2010.

34 FREDRICKSON, B. L. & LOSADA, M. F. Positive affect and the complex dynamics of human flourishing. American Psychologist, 60(7), 678, 2005.

35 EMMONS, R. A.; MCCULLOUGH, M. E. (ed.). The psychology of gratitude. Oxford: Oxford University Press, 2004.

36 NEWMAN, K. M. Como a gratidão pode transformar seu local de trabalho. Greater Good Science Center, Universidade da Califórnia, Berkeley, 6 set. 2017.

37 ARIELY, D.; JONES, S. Predictably irrational. New York: Harpercollins, 2008.

38 GRANT, A. M. Relational job design and the motivation to make a prosocial difference. Academy of Management Review, v. 32, n. 2, p. 393-417, 2007.

39 CAMPAYO, J. G. Mindfulness. Nuevo manual práctico: el camino de la atención plena. Editorial Siglantana, 2022.

40 KRAMER, G. Insight dialogue: the interpersonal path to freedom. Shambhala, 2007.

41 SIEGEL, D. J. The mindful brain: reflection and attunement in the cultivation of well-being. W. W. Norton & Company, 2007.

42 WACHS, K.; CORDOVA, J. V. Mindful relating: exploring mindfulness and emotion repertoires in intimate relationships. Journal of Marital and Family Therapy 2007; 33: 464-481.

43 LUDERS, E.; CLARK, K; NARR, K. L.; TOGA, A. W. Enhanced brain connectivity in long-term meditation practitioners. Neuroimage 2011; 57 :1308-1348.

44 TANG, Y. Y.; LU, Q; GENG, X; STEIN, E. A.; YANG, Y; POSNER, M. I. Short-term meditation induces white matter changes in the anterior cingulate. Proc Natl Acad Sci USA. 2010; 107: 15649-15652.

45 DELLA NOCE, D. J. Seeing theory in practice: an analysis of empathy in mediation. Negotiation Journal 15.3, 271-301, 1999.

46 LESLIE, S. G.; AAKER, J.; SCHIFRIN, D. The business case for happiness. Stanford: Stanford Graduate School of Business, 2012.

47 BRASIL. Lei nº 14.831, de 27 de março de 2024. Estabelece normas para a promoção da saúde mental no ambiente de trabalho. Disponível em: https://normas.leg.br/?urn=urn:lex:br:federal:lei:2024-03-27;14831. Acesso em: 30 mar. 2024.

48 COMISSÃO ESPECIAL de Direito Médico e da Saúde. Cartilha da Saúde Mental da Advocacia: o cuidado de si como inerente à preservação dos direitos dos outros. Brasília: OAB Conselho Federal, 2018.

49 MOTA, T. D.; BARROS, S. Saúde mental, direitos, cidadania: o escritório de advocacia como agente para inclusão social. Rev Esc Enferm USP. 2008; 42(2):220-6. Disponível em: http://www.ee.usp.br/reeusp/. Acesso em: 09 abr. 2025.

50 VIEIRA, S. C.; GOMIDES, L. F. A saúde mental do operador do direito: o cuidado de si como fator inerente à preservação dos direitos dos outros. Ciência Dinâmica, v. 19, n. 1, 2021.

51 CLAPONEA, R. M.; POP, L. M.; IORGA, M.; IURCOV, R. Symptoms of burnout syndrome among physicians during the outbreak

of COVID-19 pandemic: a systematic literature review. Healthcare, [s.l.], v. 10, p.979, 25 maio 2022. MDPI AG.

52 MASLACH, C.; JACKSON, S. E. Maslach burnout inventory. Palo Alto, CA: Consulting Psychologists Press e Freudenberger, H. J. (1974). Staff Burn-out. Journal of Social Issues, 30(1), 159-165, 1981, Disponível em: DOI: 10.1111/j.1540-4560.1974.tb00706. Acesso em: 09 abr. 2025.

53 GOETZ, J. L.; KELTNER, D.; SIMON-THOMAS, E. Compassion: an evolutionary analysis and empirical review. Psychol Bull 136 351-374, 2010.

54 GILBERT, P. Terapia centrada en compasión. Bilbao: Desclée de Brouwer, 2015.

55 NEFF, K. D. Self-compassion: an alternative conceptualization of a healthy attitude toward oneself. Self and Identity, v. 2, p. 85-101, 2003. E Neff, K. D. Development and validation of a scale to measure self--compassion. Self and Identity, v. 2, p. 223-250, 2003.

56 KLIMECKI, O. M.; LEIBERG, S.; LAMM, C.; SINGER, T. Functional neural plasticity and associated changes in positive affect after compassion training. Cerebral Cortex, v. 23, p. 1552-1561, 2013.

57 KLIMECKI, O. M.; LEIBERG, S.; RICARD, M.; SINGER, T. Differential pattern of functional brain plasticity after compassion and empathy training. Social Cognitive and Affective Neuroscience, v. 9, p. 873-879, 2014.

58 DAYAN, E.; COHEN, L. G. Neuroplasticity subserving motor skill learning. Neuron, Bethesda, MD, v. 72, p. 443-454, 3 nov. 2011.

Disponível em: DOI: 10.1016/j. neuron.2011.10.008. Acesso em: 09 abr. 2025.

59   ADP Research Institute. Bem-estar no trabalho: estresse afeta 67% dos brasileiros. Disponível em: https://br.adp.com/sobre-a-adp/central-de-imprensa/bem-estar-no-trabalho.aspx. Acesso em: 8 abr. 2025.

60   OLIVON, B. Transtorno mental é principal causa de afastamento do trabalho. Disponível em: https://valor.globo.com/legislacao/noticia/2019/10/28/transtorno-mental-e-principal-causa-de-afastamento-do-trabalho.ghtml. Acesso em: 8 abr. 2025.

61   PODER360. Estagiário se joga de sacada de escritório de advocacia durante expediente. 2022. Disponível em: https://www.poder360.com.br/brasil/estagiario-pula-de-escritorio-de-advocacia-durante-expediente/. Acesso em: 8 abr. 2025.

62   ARRAIS, M. Saúde mental é direito do trabalhador. Disponível em: https://www.brasildefato.com.br/2024/05/01/saude-mental-e-direito-do-trabalhador/. Acesso em: 8 abr. 2025.

63   BÚSSOLA. Estudo revela: investir no bem-estar melhora resultados de empresas. Disponível em: https://exame.com/bussola/estudo-revela-investir-no-bem-estar-melhora-resultados-de-empresas/. Acesso em: 8 abr. 2025.

64   ASSOCIAÇÃO MÉDICA BRASILEIRA. AMB. Afastamentos por transtornos de saúde mental sobem 38% – AMB. Disponível em: https://amb.org.br/brasilia-urgente/afastamentos-por-transtornos-de-saude-mental-sobem-38/#:~:text=Dados%20do%20Minist%C3%A9rio%20da%20Previd%C3%AAncia,quando%20foram%20concedidos%20209.124%20benef%C3%ADcios. Acesso em: 8 abr. 2025.